徒步環島紀錄

曾文和／著

是旅行！
不是苦行！

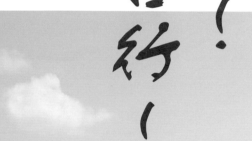

徒步環島
Day 20
歡迎陪走島加油！

先向大家拜年恭喜新年好！

我沒有發生什麼事情，家庭幸福美滿。有些事情，現在不做，以後就沒機會了！只是去完成一件心裡面一直很想做的事情。內湖出發之後，往淡水，基隆，宜蘭花東，墾丁然後從高雄，台南，向台灣的四個極點燈塔繞一圈，再北上回台北，如果沒有半途折返的話，預計需要 42 天左右的時間。

不用問我幾月幾日會走到哪裡因為我也不太確定，每天的行程進度我會在臉書上更新，有興趣的朋友，如果您的活動範圍剛好在我步行的路程附近，歡迎您來給我加油打氣。

上面這段話是我開始徒步環島的一天，出門沒多久就在臉書上留下的「投名狀」，藉由臉書的宣告，讓自己這趟徒步環島之旅可以順利完成。

特別要感謝我的太太放手讓我離家出走，兒子和女兒的支持，成就這趟徒步環島。

徒步環島這件事情，當你把它想得很容易他就不容易；當你把他想得很困難，他就不困難。環島的方法有很多種，每個人都有自己的路線自己的方式，我只是選擇了一種最適合我的方式。

出發是最困難的，一旦出發了就會到達。我的出發時間剛好是在 2020 年 1 月底，也就是在武漢肺炎疫情剛起來的時候，來台灣的班機開始檢疫，隔離，出門開始要戴口罩，但是大家買不到口罩，走？不走？出門再說吧！這一出門就回不了頭，除了第 6 天因為腳踝實在太不舒服，回台北看醫生，看完醫生後休息了 2 天重新出發，一路走到屏東回台北，特別感謝目前任職和平院區疼痛科的陳證文學長，簡直華陀在世 2 天內解決我的腳踝問題，讓我得以繼續這趟徒步環島旅程。

　　這一趟徒步環島雖然說是自己一個人走，但是沿途來加油補給，接待住宿，招待餐飲的朋友也很多，在 38 個徒步天裡 24 天有人陪走，在外總共 41 個晚餐，21 個晚上有人招待晚餐，有朋友戲稱這是一趟人際關係驗收之旅。整個行程從第一天開始，變成 SO 大遊台灣的劇情，也是始料未及，大家經由 FB 的資訊臉書追蹤我行程，特別安排時間來陪我走，送補給，陪吃飯，提供路上的訊息，FB 上每一個讚和每一則留言都是支持我得以順利繼續走下去的動力來源。

　　當天的路程走完回到休息的地方其實都很累了，吃完飯洗完衣服再處理完腳底的水泡，其實也沒有剩多少時間，很累！

但是還是要把當天路程的體驗和所見寫出來，因為知道很多人在關心，沒寫的話，大家會以為出了什麼事？有時候寫到打瞌睡，不知道自己在寫什麼？還是要先 PO，隔天路上休息時再來修正，那段 SO 大遊台灣寫臉書的日子，現在回想起來都會想笑。感謝各位好朋友線上線下的支持追劇，決定把這段期間大家支持的點點滴滴都留下印出來，因為這些點點滴滴的內容都是支持我順利完成這趟徒步環島旅程的一部分。

　　這一趟徒步環島的旅程也是讓自己親身感受台灣最美的風景也就是人，一路上陪走陪吃的朋友，陌生朋友送來的補給，特別記得在楓港請我吃麵的那位老闆娘，素昧平生，只因為擔心我在楓港過了時間找不到吃的，主動且堅持請我吃麵還不露臉，今年 3 月我特地從台北開車直接到她店裡致謝，老闆娘看到我竟然感動得流下眼淚，說這只是小事一樁，這可是掛念在我心裡一年的大事啊！

　　走路的過程可以帶給朋友一些啟發，算是無心插柳的收穫，李俊治老師（17 期蜀雅學姊老公）在我出發到花蓮時，也開始徒步環島，李老師比我還早想徒步環島，卻遲遲沒有踏出第一步，我開始走了，激勵他也出門圓夢，在 2020.04.07 以 35 天完成，還比我快了 3 天，嚕啦啦同期的楷元在台南陪我走後，決定分段徒步，我計畫 42 天，他計畫 42 周，利用週六日走，結果在去年 2020.12.21 月也走完台灣一圈總計 55 回（天）、6 個月又 8 天、總里程 1142.5km 的假日分段徒步環島。

這一本徒步環島記錄稱不上書，只是分享我眼中的台灣，台灣真的很美，值得每一位在這塊土地上生活的人好好地走走看看。

目錄

內湖一淡水

　　先向大家拜年恭喜新年好！

　　我沒有發生什麼事情，家庭幸福美滿。有些事情，現在不做，以後就沒機會了！只是去完成一件心裡面一直很想做的事情。

　　內湖出發之後，往淡水，基隆，宜蘭花東，墾丁然後從高雄，台南，向台灣的四個極點燈塔繞一圈，再北上回台北，如果沒有半途折返的話，預計需要 42 天左右的時間。

　　不用問我幾月幾日會走到哪裡？因為我也不太確定，每天的行程進度我會在臉書上更新，有興趣的朋友，如果您的活動範圍剛好在我步行的路程附近，歡迎您來給我加油打氣。

＃謝謝老天爺給我一個好天氣開始。

← 懷著興奮但不安的心情踏出第一步。

↑ 懷著興奮但不安的心情踏出第一步。
　感謝老天爺給了一個大好天氣開始。

↓ 經過 AIT。

留言板

汪俊男
學長加油 小心保重
讚 · 回覆 · 1年

Stan Chen
學長加油，一路順風
讚 · 回覆 · 1年

Sophia Chang
加油加油！
讚 · 回覆 · 1年

李永淞
👏🖤
讚 · 回覆 · 1年

陳淑娟
持續好天氣，加油🌞
讚 · 回覆 · 1年

陳淑娟
持續好天氣，加油🌞
讚 · 回覆 · 1年

Mars Hsieh
真屌的男人～～一切順利平安，多多拍照紀錄。
讚 · 回覆 · 1年

劉文忠
加油🌞！
讚 · 回覆 · 1年

卓上英
文和學長壯遊，加油！
讚 · 回覆 · 1年

Jessica Chang
學長加油！在臉書上follow you🖤🏃！💪💪💪
讚 · 回覆 · 1年

簡國童
加油!

Daniel Liou
一路平安順利

讚 · 回覆 · 1年

獵狗
哇塞！太強大了！
讚 · 同讚 · 1年

Jeffrey Chu
加油！
讚 · 回覆 · 1年

鄭澤
徒步環島我也想很久了，暫時沒辦法，還好可以看看你的貼文，讓我鼻香一下，加油！
讚 · 回覆 · 1年

翁維和
好樣的！加油！
讚 · 回覆 · 1年

Thomas Chang
加油
讚 · 回覆 · 1年

Edwin Shieh Shieh
真的佩服學長，加油！
讚 · 回覆 · 1年

Eric Chen
SO大新春如意 旅程平安 天氣和煦
讚 · 回覆 · 1年

Ping Tsung Chiang
有紅酒美食趴要通知你嗎？
讚 · 回覆 · 1年

　So Tzeng
　Ping Tsung Chiang 屆時再麻煩學長把剩菜剩酒快遞過來。
　讚 · 回覆 · 1年

陳惠芬
加油
一路順心！
讚 · 回覆 · 1年

王正祈
我在嘉義等您
讚 · 回覆 · 1年

　So Tzeng
　王正祈 先謝謝學長!
　讚 · 回覆 · 1年

曾雅鈴
加油啊！這也是我和老公曾經想完成的事，墊墊自己的斤兩是作罷，同學你行。
讚 · 回覆 · 1年

　So Tzeng
　曾雅鈴 試試才知道啊!
　我還沒有走完，也不曉得能不能走完。
　讚 · 回覆 · 1年

　曾雅鈴
　So Tzeng 走多少算多少不要太勉強
　讚 · 回覆 · 1年

Hsiao Ping Yen
同學不容易,加油唷🌞🌞🌞
讚 · 回覆 · 1年

Spencer Yao
勇敢的走下去～
讚 · 回覆 · 1年

Sheila Tsai
中午到哪，我去追你
哇 · 回覆 · 1年

　So Tzeng
　Sheila Tsai 勞勢! 沒有時間看訊息回您。
　讚 · 回覆 · 1年

Holly Yeh
一路平安，加油!
讚 · 回覆 · 1年

彭信銘
花東、南迴現在好走多了，注意安全，加油

讚・回覆・1年

Wen-yu Vicky Haines
文和：要一路小心，手機等聯絡的東西要充滿電。隨時報平安

讚・回覆・1年

李穎坤
平安順利成功

讚・回覆・1年

Mini Joe
偶像，加油！

讚・回覆・1年

Charrissa Wu
So大加油🍀祝福你！切順利平安！

讚・回覆・1年

Talun Sung
學長加油！

讚・回覆・1年

Isan Ko
haha finally GOGOGO!!

讚・回覆・1年

童建勳
壯哉勇者！
我會天天追蹤你的！

讚・回覆・1年

雷宗憲
平安順利、加油(ง •_•)ง

讚・回覆・1年

林俊傑
我在台中

Jo Tu
在我生日的日子出發一定會大吉大利的啦哈哈😄加油🍀

讚・回覆・1年

吳幸娟
瘦大加油🍀go go go

讚・回覆・1年

Peggy Su
叔叔加油~

讚・回覆・1年

Randy Hung
哇塞，能實踐夢想實在太幸福了

讚・回覆・1年

Vincent Yang
學長 加油 加油 加油

讚・回覆・1年

Jennifer Lien
加油🍀平安順利！

讚・回覆・1年

林夢萍
強者我學長，加油加油👶👶

讚・回覆・1年

Steve Liang
烙翔珅優！衝啊

讚・回覆・1年

Sherry Wen
太棒了，加油！So大如果走到揚昇通知我，請您打高爾夫球⛳

哈・回覆・1年・已編輯

Kelly Chen
加油👍👍

讚・回覆・1年

Jackal Puku
加油！順利平安！

讚・回覆・1年

李美侖
學長，加油~

讚・回覆・1年

Teshnu Chang
文和兄太棒了！💪💪💪💪💪

讚・回覆・1年

周蔡鑫
加油加油啊

讚・回覆・1年

William Hu
同學，強！

讚・回覆・1年

謝靄玲
一切順利！
你用最好的方式遠離病毒

讚・回覆・1年

Jason Cheng
加油🍀

Jessica C. Sun
So大太帥了，加油🍀

讚・回覆・1年

Elun Ning
學長加油！

Jon Wang
So 大，好想跟！寫點日記讓我們以後學習一下...

哇・回覆・1年

溫紹郁
太酷帥了，超讚的，偶像加油！

讚・回覆・1年

Li-Chen Tseng
太棒了!能夠做自己想做的事,有能力、有體力、還能真正去實行,祝環島順利!
讚 · 回覆 · 1年

霽紋
文和,我們都會在臉書,跟蹤你哦!帶我們深入臺灣的美
讚 · 回覆 · 1年 · 已編輯

Dean Chen
讚 · 回覆 · 1年

Wei Wei Hsu
同學,加油!以你為榮啊!
讚 · 回覆 · 1年

Zishin Hsiao

政隆江
So大大!太帥了。
讚 · 回覆 · 1年

周永慶
頑張!
讚 · 回覆 · 翻譯年糕 · 1年

王琡惠
學長加油!太強了
讚 · 回覆 · 1年

賴信翰
文和兄用雙腳真實體驗台灣,超幸福也超猛,祝平安完成
讚 · 回覆 · 1年

楊奕志
加油
讚 · 回覆 · 1年

徐佳馨
學長強大,預祝一切順利
讚 · 回覆 · 1年

陳柏芬
加油!順利平安!
讚 · 回覆 · 1年

I-Fong Chen
So大家加油!
讚 · 回覆 · 1年

黃張維
想跟 +1,加油加油
讚 · 回覆 · 1年

黃文賢
哇!So 大加油!
讚 · 回覆 · 1年

Anderson Tsai
祝福so大學長順利完成夢想
讚 · 回覆 · 1年

蔡青芬
太棒了,加油、加油
好的開始,期待您每天的行腳PO文
讚 · 回覆 · 1年

江楨榮
加油,或許騎車南征時在路上會遇見,新年快樂
讚 · 回覆 · 1年

Claudia Chen
SO大學長,加油,您好棒!
讚 · 回覆 · 1年

黃建源
強大,祝福一路平安順利
讚 · 回覆 · 1年 · 已編輯

彭雅君
學長加油!期待你行腳到淡水的足跡~~
讚 · 回覆 · 1年

李逢暉
So大加油!持續關注
讚 · 回覆 · 1年

張源銘
讚啊,做,就對了!人生快意該如此!
讚 · 回覆 · 1年

楊勝閔
讚 · 回覆 · 1年

歐陽環
讚 · 回覆 · 1年

陳淑嫻
曾爸又要完成一項壯舉
讚 · 回覆 · 1年

李衍彬
加油 加油 加油!
讚 · 回覆 · 1年

Daniel Hsu
So大 加油！ 1

陳雪菁
好羨慕拉拉！能再跟著乾爹完成壯舉，女兒會留意臉書訊息，希望能有機會陪爹陪您走一小段路
哈 · 回覆 · 1年 1

Grant Fan
新年的新希望，厲害
祝福一切順利圓滿 1

Wen Shuai Liu
加油 1
讚 · 回覆 · 1年

Bob Chang
預祝學長環島平安順利！
讚 · 回覆 · 1年 1

范正明
加油！經過台中需要補給喊一聲！
讚 · 回覆 · 1年 1

So Tzeng
范正明 先謝謝學長了!
讚 · 回覆 · 1年 1

Simone Kang
讚 1

Peggy Cheng
So又再次展開新的人生！又是一頁十分精彩
哈 · 回覆 · 1年 1

So Tzeng
Peggy Cheng 我都是跟著妳的腳步。 1

Peggy Cheng
So Tzeng 敬佩你so真心的！
讚 · 回覆 · 1年

朱紹珍
So 加油 1
讚 · 回覆 · 1年

Shelly Chen
加油 1
讚 · 回覆 · 1年

張玉輝
加油 加油 1
讚 · 回覆 · 1年

施海龍
加油 這也是我一直想做的事
讚 · 回覆 · 1年 1

Lucy Su
So大 · 太酷了！
祝福環島行腳平安順利！
讚 · 回覆 · 1年 1

Justin Huang
戈13 加油 1

賴文森
學長 加油 1
讚 · 回覆 · 1年

Dawsen Tang
學長，新年快樂！加油！
讚 · 回覆 · 1年 1

Anthony Tsay
1
讚 · 回覆 · 1年

Lee Leu
文和，加油!! "有些事情,現在不做,以後就沒機會",問題就出在,機會已經沒了!!
大心 · 回覆 · 1年 1

So Tzeng
Lee Leu 謝謝學長 !學長也加油!

林秋陽
祝旅途平安 順利
讚 · 回覆 · 1年 1

Alex Chu
So 大 加油 1

許國村
佩服！ 1

許仁杰
收到 1
讚 · 回覆 · 1年

Coco Lee
祝學長平安順利，圓滿完成夢想！ 1

吳建德
曾董，為你加油
讚 · 回覆 · 1年 1

Ryan Ko
會長
旅途愉快平安 1

Chia-Ling Lee
學長加油
旅途平安順利 1
讚 · 回覆 · 1年

George Lai
學長加油！ 1
讚 · 回覆 · 1年

謝世隆
同學，沒有考慮用拖車拉行李嗎？用背的，感覺太累了
哈 · 回覆 · 1年 1

So Tzeng
謝世隆 揹背包是經過綜合考量的結果. 或許下次同學環島的時候可以用拖車. 1

謝世隆
So Tzeng那你的背包大概多重
讚 · 回覆 · 1年

So Tzeng
謝世隆 15kg左右.
讚 · 回覆 · 1年

謝世隆
So Tzeng 那應該還好，加油歐，走路環島真的很有勇氣
讚 · 回覆 · 1年

吳俊雄
So Tzeng 你應該揪謝世隆去，他很閒的，只是你路上會吵一點！😀😀😀
回覆 · 1年

謝世隆
吳俊雄 我過幾天要出門去滑雪了啦，要去走西班牙那個神聖之路再約我吧
讚 · 回覆 · 1年

Mingchou Lee
加油
讚 · 回覆 · 1年

鍾晧豪
加油，祝SO大平安、順利完成壯舉！
讚 · 回覆 · 1年

Lee Wei Chun 李
腳力也太好了吧！
讚 · 回覆 · 1年

Brett Tai
So大加油！
讚 · 回覆 · 1年

劉昌奇
有夢最美！圓夢勇士，加油💪！
讚 · 回覆 · 1年 · 已編輯

劉啟鴻
學長~國姓燈塔等你來!加油加油!!!
讚 · 回覆 · 1年

洪文怡

讚 · 回覆 · 1年

郭瑞祥
太了不起了
讚 · 回覆 · 1年

So Tzeng
郭瑞祥 院長以身作則，才是真正了不起.
讚 · 回覆 · 1年

郭瑞祥
你這也是創舉
讚 · 回覆 · 1年

Cherry Hsieh
學長：加油💪
讚 · 回覆 · 1年

林軒農
So 新年快樂！家油🍺🍺🍺
讚 · 回覆 · 1年

陳振華
已看😂到環島🏝~環球🌏！加油！記得回程經汐止，我徒步旅行陪你回家！
讚 · 回覆 · 1年

So Tzeng
陳振華 報告學長:如果有順利環回來內湖,應該不會經過汐止了.
讚 · 回覆 · 1年

Angela Chou
學長加油!!!!!!!!
讚 · 回覆 · 1年

Alice Hu
超讚的
讚 · 回覆 · 1年

徐國耀
學長加油喲！
讚 · 回覆 · 1年

張淑芳
好強啊~💪
讚 · 回覆 · 1年

Arthur Chen
保重，預祝順利成功，回台北再請你吃飯
讚 · 回覆 · 1年

So Tzeng
Arthur Chen 先謝謝老同事!
讚 · 回覆 · 1年

Clare Chiu
帥！So大加油！一路平安🙏（我也好羨慕拉拉🐕）
讚 · 回覆 · 1年

陳志忠
Go go So Su SU

MEDIA1.TENOR.CO
media1.tenor.co

Sonya Wu
加油!!
讚 · 回覆 · 1年

Ellie Huang
So大大太棒了! ζζζ 加油加油加油! 等您順利回來一定要吃黑輪唱KTV慶祝的啦! 😎😎😎
讚 · 回覆 · 1年

區莉玲
加油👍👍👍
讚 · 回覆 · 1年

Gene Wu
學長加油!!!!!!!!
讚 · 回覆 · 1年

Gene Wu
讚 · 回覆 · 1年

Daphne Hu
我朋友去年也走完一圈，但時間比您短些，祝福一路平安，路上貴人滿滿
讚 · 回覆 · 1年

江江
這麼拼這個天氣!加油!
哈 · 回覆 · 1年

江江
只要有Po會每天為你按👍加油!
讚 · 回覆 · 1年

杜建興
瘦哥太強啦，不斷挑戰極限，加油!
讚 · 回覆 · 1年

李明芳
學長加油....帥喔...
讚 · 回覆 · 1年

大頭
So大加油，健康平安💕
讚 · 回覆 · 1年

陳啟桐
So大加油
讚 · 回覆 · 1年

曹希平
願望就由你完成了
讚 · 回覆 · 1年

蔡仁傑
加油!
讚 · 回覆 · 1年

Regina Chu
阿公加油~
讚 · 回覆 · 1年

Grace Chang
超酷的👍
讚 · 回覆 · 1年

Lilian Liu
加油! 等你回來再約大家吃飯。
讚 · 回覆 · 1年

黃明展
加油，好美慕可以連42天不用工作。
哈 · 回覆 · 1年

Jamila Wang
學長加油
讚 · 回覆 · 1年

Suse LinkIn
加油!享受和自己的對話。
讚 · 回覆 · 1年

江明禧
So大大....加油!祝福你平安順利圓滿如願!
讚 · 回覆 · 1年

Alex Lee
加油! 徒步耶!
請問蘇花公路，你要搭便車嗎？!
讚 · 回覆 · 1年

So Tzeng
Alex Lee 就走過去吧!
讚 · 回覆 · 1年

Sam Wu
祝福文和，一路平安，順心如意
讚 · 回覆 · 1年

Yvonne Lo
加油
讚 · 回覆 · 1年

Hsu Shih-Ning
帥哥 加油!!!
讚 · 回覆 · 1年

Ivan Huang
文和大哥 加油，一路平安、順利達成目標 😊
讚 · 回覆 · 1年

Chaozheng Li
和平的徒行者🚶
讚 · 回覆 · 1年

Isabella Chen
哈哈哈，還要先聲明家庭美滿。有夢最美、夢想實現更讚!幸福的師公，一步一步圓夢，等你寫故事，42天接隊啦!
哈 · 回覆 · 1年

San Su
加油
讚 · 回覆 · 1年

曾雪華

Troy Lin
So哥加油！ 1
讚・回覆・1年

謝依璠
加油～等你回來喔 1
讚・回覆・1年

李世瑋
加油加油加油加 ，讚喔~
讚・回覆・1年

Jeff Kuo
強者！ 1
讚・回覆・1年

Lin Helen
加油
Enjoy 1
讚・回覆・1年

Benson Chen
我尊敬的So大，加油！順利成功！ 1
讚・回覆・1年

許承宇
一步一腳印
用雙腳感受台灣的美
很棒的體驗 1
讚・回覆・1年

曾慶和
讚 1
讚・回覆・1年

鄭承備
加油 1
讚・回覆・1年

Susan Hsiung
學長太強惹 加油 1
讚・回覆・1年

Agnes Lin
So大加油！平安順利 1 ...
讚・回覆・1年

Yihwen Lin
爸爸～你超棒的！！！
果然是LU-LA-LA 1
讚・回覆・1年・已編輯

Sophia Shih
加油 1
讚・回覆・1年

孫承龍
加油
勇者 1
讚・回覆・1年

Yang Young
So大加油 太強了 勇腳！ 1
讚・回覆・1年

Emily Chou
So 大真的很拼啊，一路平安
讚・回覆・1年

王麗云
精神上支持曾爸爸 加油 1
讚・回覆・1年

劉睿廷
學長太偉大了！！好期待你每天的分享 2
讚・回覆・1年

Frank Tien
強大的學長加油！
讚・回覆・1年

Kuan-lin Chen
讚啦
讚・回覆・1年

林嘉瑞
真是了不起，加油啊！ 1
讚・回覆・1年

Dean Fang
So-san加油 1
讚・回覆・1年

黃永紳
好熱血！So大學長加油！ 1
讚・回覆・1年

Mac Chuang
加油 ，強大的So大 1
讚・回覆・1年

宋慧慧
在羅東等你！ 1
讚・回覆・1年

林素美
曾大哥：真的很勇…祝一路平安順利 1
讚・回覆・1年

曾德蕙
姓曾的好樣的！ 2
讚・回覆・1年

紀秉誠
1
讚・回覆・1年

Madeleine Lee
學長，真的很優 ，太熱血了 1
讚・回覆・1年

Tifer Lai
So San 加油 ！你最強的 1
讚・回覆・1年

石志鴻
So大令人佩服，一路平安順利！ 1
讚・回覆・1年

Yu-Tsai Hsieh
學長加油 ！ 1
讚・回覆・1年

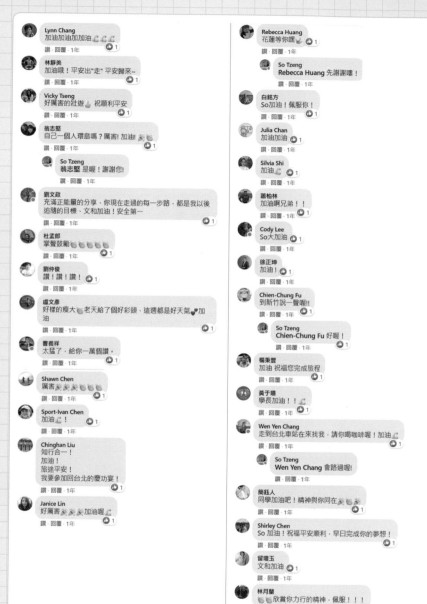

Lynn Chang
加油加油加加油💪💪💪
讚 · 回覆 · 1年 👍1

林靜美
加油哦！平安出"走" 平安歸來~
讚 · 回覆 · 1年

Vicky Tseng
好厲害的壯遊👍 祝順利平安
讚 · 回覆 · 1年 👍1

翁志堅
自己一個人環島嗎？厲害! 加油! 🎉🎉
讚 · 回覆 · 1年 👍1

　　So Tzeng
　　翁志堅 是喔！謝謝您!
　　讚 · 回覆 · 1年

劉文政
充滿正能量的分享，你現在走過的每一步路，都是我以後追隨的目標，文和加油！安全第一
讚 · 回覆 · 1年 👍1

杜孟郎
掌聲鼓勵👏👏👏👏👏
讚 · 回覆 · 1年 👍1

劉仲俊
讚！讚！讚！
讚 · 回覆 · 1年 👍1

盧文彥
好樣的瘦大👍 老天給了個好彩頭，這週都是好天氣💕加油
讚 · 回覆 · 1年 👍1

曹義祥
太猛了，給你一萬個讚。
讚 · 回覆 · 1年 👍1

Shawn Chen
厲害👍👍👍👍👍
讚 · 回覆 · 1年 👍1

Sport-Ivan Chen
加油💪!
讚 · 回覆 · 1年 👍1

Chinghan Liu
知行合一！
加油！
旅途平安！
我要參加回台北的慶功宴！
讚 · 回覆 · 1年 👍1

Janice Lin
好厲害👍👍👍加油喔💪
讚 · 回覆 · 1年 👍1

Rebecca Huang
花蓮等你喔👍
讚 · 回覆 · 1年 👍1

　　So Tzeng
　　Rebecca Huang 先謝謝嘍!
　　讚 · 回覆 · 1年

白銘方
So加油！佩服你！
讚 · 回覆 · 1年

Julia Chan
加油加油
讚 · 回覆 · 1年 👍1

Silvia Shi
加油💪
讚 · 回覆 · 1年 👍1

蕭柏林
加油啊兄弟！！
讚 · 回覆 · 1年 👍1

Cody Lee
So大加油
讚 · 回覆 · 1年 👍1

徐正坤
加油！
讚 · 回覆 · 1年 👍1

Chien-Chung Fu
到新竹說一聲喔!!
讚 · 回覆 · 1年

　　So Tzeng
　　Chien-Chung Fu 好喔!
　　讚 · 回覆 · 1年 👍1

楊秉豐
加油 祝福您完成旅程
讚 · 回覆 · 1年 👍1

黃于珊
學長加油！！💪
讚 · 回覆 · 1年 👍1

Wen Yen Chang
走到台北車站在來找我，請你喝咖啡喔！加油💪
讚 · 回覆 · 1年 👍1

　　So Tzeng
　　Wen Yen Chang 會路過喔!
　　讚 · 回覆 · 1年

簡鈺人
同學加油吧！精神與你同在👍👍👍
讚 · 回覆 · 1年 👍1

Shirley Chen
So 加油！祝福平安順利、早日完成你的夢想！
讚 · 回覆 · 1年 👍1

留瓊玉
文和加油 👍1
讚 · 回覆 · 1年

林月蘭
👏👏欣賞你力行的精神，佩服！！！
讚 · 回覆 · 1年 👍1

Eleanore New
祝福So 大心願得償!
讚 · 回覆 · 1年

Peggy Chang
So Tzeng, 加油
讚 · 回覆 · 1年

魏學忠
同期 加油!
生命的壯遊
讚 · 回覆 · 1年

楊銘坦
離同學會還有五個月，慢慢來
注意安全
讚 · 回覆 · 1年 · 已編輯

鄧中淦
學長加油 一路平安!
讚 · 回覆 · 1年

蘇萬強
老同學!最近很冷!早晚注意保暖!加油囉!
讚 · 回覆 · 1年

王俊通
學長加油 路上小心喔 注意身體不要太累喔
讚 · 回覆 · 1年

呂子厚
加油 注意安全!
讚 · 回覆 · 1年

吳政憲
學長，加油
讚 · 回覆 · 1年

李春和
文和 加油
敬佩你的精神 跟體力、板橋二舅媽給你打氣、注意保暖跟
水分。
加油 加油
讚 · 回覆 · 1年

　　So Tzeng
　　李春和 謝謝二舅,二舅媽!
　　讚 · 回覆 · 1年

高玉瑛
佩服毅力，
年輕真好，
完成夢想.
讚 · 回覆 · 1年

　　So Tzeng
　　高玉瑛 跟姊仔學習!
　　讚 · 回覆 · 1年

楊治水
經過奧克蘭時一起吃飯
哈 · 回覆 · 1年

鄧淑君
加油
一路平安！
讚 · 回覆 · 1年

王爾
順利成功如願 祝福
讚 · 回覆 · 51週

感謝今天老天爺給了一個大好天氣，昨天夜裡的溫度讓今天是不是要準時出發有了一點猶豫，人算不如天算，已經計畫了一段時間，把所有事情通通排開，那就出發吧！

所有臉書的朋友給我的鼓勵都銘記在心，因為天氣很好，所以走起來步伐輕盈，途中有朋友開車經過看到我在路上，打電話來問候，也有朋友來問我要不要折返的……都非常感謝！在走的過程中，沒有辦法一直看手機訊息，還請大家見諒！不過在休息的空檔，我就會仔細的閱讀大家給我的鼓勵，這麼多加油的聲音，很令人感動。

今天從內湖出發之後走環山路，自強隧道，文林北路，承德路，為了吃午餐肉繞進去走中央北路，中央北路是以前念光武時上學的路，30 幾年前的樣子現在已經完全都改變了，連學校的名字也變了，後接台 2 到淡水，下午 4 點多順利抵達今天晚上休息的地點。

明天的目的地是第一個極點燈塔－富貴角燈塔，從淡水出發之後就沿著台 2 線走，預計在石門休息。

↑自強隧道內沒有人行道，背包裝
　上警示燈貼者牆走。（原來要走
　另外一邊）

←原來的光武工專入口，以前念書
　的時候都要從山下走上山去。

↓經過復興崗。

↑ 台 2 線往基督書院看過去。

← 準備進到竹圍往淡水接近。

↓ 過竹圍後切到捷運的內側小路，
 下午曬不到太陽，走起來非常
 的舒服。

029

↑路的末端接近淡水捷運站，居
　然有一個 " 殼牌 " 倉庫的園區。

↗ 淡水河口。

↓殼牌倉庫的園區一景。

→徒步環島 Day 01 完成。

留言板

Li-Chen Tseng、Mini Joe和其他426人　　88則留言

👍 讚　　💬 留言　　↗ 分享

李逢暉
好的開始～ 👍1
讚 · 回覆 · 1年

鄭承儒
期待So大的每日分享 加油👍 1
讚 · 回覆 · 1年

Matt Kao
So哥 加油👍 1
讚 · 回覆 · 1年

郭宏德
大佬加油！👍 1
讚 · 回覆 · 1年

Kaoru Chiu
期待每日更新，跟著So大神遊台灣😊
讚 · 回覆 · 1年

鄭淳
用雙腳為自己的人生，自己生長的地方，寫下自己的日記，敬佩！ 👍1
讚 · 回覆 · 1年

彭信銘
可以排一下三月在西螺ㄇㄚˊ媽祖蹚麵 👍1
讚 · 回覆 · 1年

　So Tzeng 彭信銘 報告學長: 那要視我的腳程而定，現在還不清楚. 👍1
　讚 · 回覆 · 1年

黃永紳
哇！So大學長加油！ 👍1
讚 · 回覆 · 1年

汪俊男
跟著 學長FB環台
讚 · 回覆 · 1年

歐陽珊
So Proud of u 👍1
讚 · 回覆 · 翻譯年糕 · 1年

Jamila Wang
一步一腳印～ 👍1
讚 · 回覆 · 1年

Sindy Cheng
加油👍英雄 👍1
讚 · 回覆 · 1年

龔楷元
打從內心理......敬佩。 👍1
讚 · 回覆 · 1年

Wen Lily
你太強了，佩服 👍1
讚 · 回覆 · 1年

林啟雄
 👍1
讚 · 回覆 · 1年

Frank Chen
加油👍 1
讚 · 回覆 · 1年

王志明
加油，睡前記得要好好給腳按摩按摩！ 👍1
讚 · 回覆 · 1年

朱伯振
So大加油！👍👍
讚 · 回覆 · 1年

謝尚霖
So大加油！ 👍1
讚 · 回覆 · 1年

林志豪
學長加油👍 1
讚 · 回覆 · 1年

Ann Tsai
🙏大大旅程平安，完成壯舉！👍 1
讚 · 回覆 · 1年

Jeff Kuo
流浪到淡水 👍1
讚 · 回覆 · 1年

Sheila Tsai
好可惜，我下午在工作室
讚 · 回覆 · 1年

Janines Liu
只有佩服 👍2
讚 · 回覆 · 1年

陳世祥
So大 加油👍 1
讚 · 回覆 · 1年

Gene Wu
學長加油👍 1
讚 · 回覆 · 1年

張永吉
為自己寫歷史，加油👍👍 👍1
讚 · 回覆 · 1年

Chia-Ling Lee
期待學長之後出書介紹全台秘境景點 👍1
讚 · 回覆 · 1年

林吳忠
加油加油 👍1
讚 · 回覆 · 1年

黃建澤
So大加油👍 1
讚 · 回覆 · 1年

陳啟桐
Day1達成！ 👍1
讚・回覆・1年

> So Tzeng
> **陳啟桐** 每天都是一個Day1, 希望可以每天都達成, 謝謝桐伯!
> 讚・回覆・1年

Rita Pan
👏學長果然有強者的意志力💪 👍1
讚・回覆・1年

陳志忠

👍1
讚・回覆・1年

賴文森
學長, 加油👊 👍1
讚・回覆・1年

卓上英
國境之北・star 👍1
讚・回覆・1年

Vicky Tseng
So哥～好棒👍一路小心平安！如果有經過中和新店附近可以休息喝杯咖啡喔 👍1
讚・回覆・1年

許承宇
強者我學長 👍1
讚・回覆・1年

歐里
太佩服你了, 這幾天要注意保暖喔！👍 👍1
讚・回覆・1年

Olivia Chen
So桑加油👊🐾 👍1
讚・回覆・1年

溫紹郁
我每天都會看學長的紀錄, 跟著環島
讚・回覆・1年

邱椿蓉
So哥真的太厲害👍👍……要保重身體喔 👍2
讚・回覆・1年

蔡青芬
早點休息喲😊 👍1
讚・回覆・1年

Jason Cheng
So 加油👊！ 👍1
讚・回覆・1年

Sofia Juan
好佩服你で！ 👍1
讚・回覆・1年

Daniel Liou
So 哥加油👊！ 👍1
讚・回覆・1年

Martin Chen
So大加油👊 👍1
讚・回覆・1年

陳淑娟
So 加油👊 👍1
讚・回覆・1年

羅紹庭

👍1
讚・回覆・1年

Jennifer Lien
加油👊 👍1
讚・回覆・1年

王琮惠
So 加油👊 👍1
讚・回覆・1年

Penny Pan
徒步環島多麼令人敬佩, 乾爹你是我們的大英雄, 加油喔！累了一定要記得停下來休息, 抱抱拉拉, 想想好多人都在幫你加油打氣！還有這幾天超級寒流報到, 要注意保暖喔
大心・回覆・1年 😍😍4

Coco Lee
太厲害了👍, 曾爸爸加油👊加油👊 👍1
讚・回覆・1年

大頭
So大加油, 小心溫差及下週的雨天, 加油喔 👍1
讚・回覆・1年

黃宜苹
太厲害了👍加油 👍1
讚・回覆・1年

張淑芳
注意安全 👍1
讚・回覆・1年

江培甄
我覺得你的壯舉, 將會形成一股無法計數、讓人想要跟隨的～力量。
然後, 隨著力與美的結合, 說不定就爆發出～令自己也意想不到的驚喜！
讚・回覆・1年 👍1

> So Tzeng
> **江培甄** 謝謝PJ, 妳們的歐洲行也不遑多讓。
> 讚・回覆・1年

張力文
加油！ 👍1
讚・回覆・1年

吳建德
加油喔！
讚・回覆・1年

Grace Chang
走完還是要拉拉筋
讚・回覆・1年 👍1

Wesleigh Hulme Liao
強大，佩服 👍 1

Clare Chiu
重現戈13的精神～我們跟著你一起環島💜 1
大心·回覆·1年

Mars Hsieh
屌男人，繼續加油……
記得馬路上要走在面對來車的邊邊（靠左走）
背包要佩帶閃燈或貼反光片！
預祝順利成功！
讚·回覆·1年·已編輯 👍 2

Ray Yao
🏆🏆🏆
讚·回覆·1年 👍 1

Randy Hung
所以是要順時鐘環島啊
讚·回覆·1年 👍 1

　So Tzeng
　Randy Hung 對的!
　讚·回覆·1年

紀秉誠
加油！加油！👍 1
讚·回覆·1年

林世雄
為你加油！雖無法同行…不過咱們拾玖心與你同在！
讚·回覆·1年 👍 1

Winifred Chen
So大好厲害！加油加油💪
讚·回覆·1年

Alice Huang
壯遊，學長加油，我會每天跟著你的腳步
讚·回覆·1年 👍 1

蕭柏林
加油！注意安全！
讚·回覆·1年 👍 1

Don Suen
加油！
讚·回覆·1年 👍 1

Tommy Chen
.加油 👍 1
讚·回覆·1年

Wei Wei Hsu
我在昆明幫你加油！
讚·回覆·1年 👍 1

Mei-Chuan Liu
文和加油！我喜歡憑著感動去做自己喜歡的事
讚·回覆·1年 👍 1

Randy Hung
所以是要順時鐘環島啊
讚·回覆·1年 👍 1

潘瑞根
So Tzeng
文和兄果然是潘老師一直以來的超級偶像～～
文和兄實在太強大了，我們就一起陪文和兄＜出發＞吧！
加油！

讚·回覆·1年·已編輯 👍 4

　So Tzeng
　潘瑞根 謝謝潘老師!
　出發前一天才在電梯裡碰到彥博要去跟老師拜年, 下
　次要拍照存檔一下.
　讚·回覆·1年 👍 1

　潘瑞根
　So Tzeng
　哈哈哈哈哈
　世界真小，彥博遇到潘老師的超級偶像文和兄，是
　他賺到了。
　讚·回覆·1年 👍 1

林秋陽
加油 👍 1
讚·回覆·1年

陳賜郎
文和 加油💪 1
讚·回覆·1年

林幼婷
學長加油!! 👍 1
讚·回覆·1年

李春和
加油～ 👏👏💪💜～
讚·回覆·1年

洪文怡
決定每天認真發落
好好吸收so大的正向能量💪 1
讚·回覆·1年

李儷
加油🙂 👍 1
讚·回覆·1年

留瓊玉
先麗所言的極是！
讚·回覆·1年

吳政憲
學長加油💪 1
讚·回覆·1年

今天的溫度仍然很低，太陽很大可是一停下來就會覺得冷。

一早從淡水出來走淡水的中山北路，乍看之下很多建築還真的蠻像在台北的中山北路。

今天中午在三芝午餐休息的時候，完全沒有心理準備的碰到幾位嚕啦啦 19 期，專程來打氣加油，之後 17 期的信泓學長也到來，三十幾年的交情，甚是感動與感激！

北海岸真的是風光明媚，今天走到淺水灣，心想今天的路程不長還有時間，就繞到後面的海岸去欣賞，發現很多咖啡店裝潢設計都非常的漂亮，而且離海邊都很近，環島後可以安排好好的來這邊喝杯咖啡欣賞海景。

接著走到了富貴角燈塔，富貴角燈塔是台灣的最北端極點燈塔，此次環島的四個主要目的地已經達成 4 分之 1（哈！自我感覺良好）。沿路走著，看著海邊這麼冷的天居然有人在衝浪。

今天途中也遇到一位徒步環島的朋友以及兩位騎著機車環島的朋友，二位騎機車環島的朋友背上背的標語很有意思，有興趣的朋友可以看我裡面的照片。

原來打算背著帳篷睡袋，當個遊牧民族，發現太浪漫不務實，負重太重，會影響行進的速度以及膝蓋使用的程度，決定把帳篷，睡袋，睡墊請今天來陪走的嚕啦啦同期先帶走。

明天路程　石門 - 基隆。

↑ 淡水的中山北路二段。
↓ 淡水飯店的早餐 - 台北旅人。

←淡水的輕軌捷運。

↑原來的新埔工專,現在是
　聖約翰科技大學。

↓路上的埃及神像。

↖ 淺水灣後面的咖啡餐廳。

↑ 今天帶來驚喜的嚕啦啦 19 期加油團。

← 石門海邊的步道修整的很好。

↓ 極北燈塔 - 富貴角燈塔。

↖ 二位騎車環島的年輕人。

↑ 分段徒步環島的朋友。

← 徒步環島 Day 02 完成。

f 留言板

李永淞
還是加油…
讚 · 回覆 · 1年

張玉輝
加油加油，好奇問：延路的住宿都能接上嗎？
讚 · 回覆 · 1年

　So Tzeng
　張玉輝 目前以住宿點優先考量，距離其次，後面再看情況調整。
　讚 · 回覆 · 1年

潘安琪
So老闆也太強
讚 · 回覆 · 1年

Silvia Wu
加油加油
讚 · 回覆 · 1年

Jeff Kuo
富貴在腳下！！
讚 · 回覆 · 1年

Susan Hsiung
學長加油要注意保暖呦！
讚 · 回覆 · 1年

鄭澤
喔，不一定要用背的，經過五金行可以買手拉車，找輪子大的。
(我每次單車環島，都特別留意徒步環島者裝備，並厚顏與之攀談交流)
讚 · 回覆 · 1年 · 已編輯

　So Tzeng
　鄭澤 目前還是先揹，邊走邊調整.
　讚 · 回覆 · 1年

謝世隆
明智的決定，這樣至少三公斤，整個負重輕鬆很多了
讚 · 回覆 · 1年

Shawn Chen
之前單車環島到極西國聖燈塔，那段路不好走，so大學長加油
讚 · 回覆 · 1年

杜建興
最近太冷，不適合露營啦
讚 · 回覆 · 1年

王麗云
淺水灣的咖啡店都很有地中海風格，夏天去更棒！以前我們家每到夏天都會去走走喝喝咖啡
讚 · 回覆 · 1年

黃建源
可能會延路有人陪走，預定42天變成84天，桃竹苗時再來跟
哇 · 回覆 · 1年

　劉啟鴻
　這包含喝醉的那幾天嗎
　哈 · 回覆 · 1年

Lee Leu
黃建源 心有靈犀耶，特別是經過花東那一段，可能有清醒的時候嗎？
哈 · 回覆 · 1年

Alice Huang
黃建源 湊個99天，長長99
哇 · 回覆 · 1年 · 已編輯

　So Tzeng
　Alice Huang 99天等妳來走嚕！
　讚 · 回覆 · 1年

　回覆......

蔡青芬
讚 · 回覆 · 1年

曾慶和
👍
讚 · 回覆 · 1年

Grace Chang
淡水到淺水灣會經過鬼屋好可怕
哈 · 回覆 · 1年

　So Tzeng
　Grace Chang

　Grace Chang
　So Tzeng 如果是我一定用跑的直接衝過去完全不回頭
　讚 · 回覆 · 1年

李達輝

讚 · 回覆 · 1年

賴文森
學長，加油
讚 · 回覆 · 1年

林夢萍
全台都有嚕啦啦啦，學長不用帳篷，走到哪睡到哪
讚 · 回覆 · 1年

謝露玲
對！全扔了
扔到我後車廂
哈 · 回覆 · 1年

Jennifer Lien
加油
讚 · 回覆 · 1年

大頭
今晚急凍，小心保暖！
讚 · 回覆 · 1年

童建勳
早睡早起身體好
明天再來拼
讚 · 回覆 · 1年

Regina Chu
開始每天期待連續劇的FU～
讚 · 回覆 · 1年

林千里
吃飽、睡足、穿得暖，才能順利達成環島的目標。
讚 · 回覆 · 1年

> So Tzeng
> 林千里 報告是。
> 讚 · 回覆 · 1年

曾雲華
加油哦!
讚 · 回覆 · 1年

Randy Hung
有為青年！
讚 · 回覆 · 1年

Ray Yao
加油
讚 · 回覆 · 1年

留瓊玉
我也這樣覺得，經過雲林再來跟。可以來我家住，保證舒服
讚 · 回覆 · 1年

洪文怡
原本打算背著睡袋帳蓬，走到哪裏睡到哪裡哦，實在太浪漫（恐怖）了ㄚ。
讚 · 回覆 · 1年

> So Tzeng
> 洪文怡 經驗不足，真歹勢！
> 讚 · 回覆 · 1年

謝依珊
你人緣好ㄋㄟ
讚 · 回覆 · 1年

Acelin Chen
學長真強大
多注意保暖……這麼天真的好冷！！
讚 · 回覆 · 1年

Silvia Shi
So哥…加油注意保暖喔！
讚 · 回覆 · 1年

Benson Chen
So大，加油！
讚 · 回覆 · 1年

Daniel Liou
加油
讚 · 回覆 · 1年

Eric Chen
so大昨天路線是平時單車練習路線，可惜時間搭不上，要不一定騎去哈囉
讚 · 回覆 · 1年

Isan Ko
加油、天氣多變化、注意保暖～～
讚 · 回覆 · 1年

陳志忠
Walking Hero

區莉玲
讚 · 回覆 · 1年

Athena Tsai
強者!
讚 · 回覆 · 1年

林俊傑
保暖最好
讚 · 回覆 · 1年

> 林俊傑
> 對了，你的背板因該要有FB的加入方式這樣你更可以多好多朋友
> 讚 · 回覆 · 1年

林秋陽
加油！加油！
讚 · 回覆 · 1年

Talun Sung
學長，棒棒棒！ …
讚 · 回覆 · 1年

Samantha Tu
这是你的环岛朝聖之路呢！Proud of you
讚 · 回覆 · 1年

Pauline Chang 張珮倫

讚 · 回覆 · 1年

石門－金山－萬里－基隆市 34km

今天的路程相對於昨天前天比較遠，因此提早在 7 點 15 分就出門，出門的時候路上還沒有什麼車，圓圓的天空太陽被雲遮住，透出的耶穌光看起來非常的漂亮。

沿路走過，十八王公廟，核一廠核二廠，一路非常多騎單車的朋友迎面而來。在接近萬里的時候手機響起，因為行進中不方便接聽，等到接近萬里隧道前看了訊息，是戈 13B 的戰友耀戈，要從風櫃嘴下來萬里陪我走一段。

過了隧道之後沒多久 就看見耀戈騎著他的單車過來，剛好是午餐時間，欣然接受耀戈的招待，到萬里市區上的一間越南餐廳，料多大碗價錢又實在。

用完午餐，耀戈說他要陪我走到今天的目的地－基隆，一個牽著單車一個背著背包，整個行進的速度突然拉了起來，以 10 到 12 分速的速度前進，彷彿回到戈壁沙漠……在耀戈的帶領下，走外木山的自行車道，沒有繞道，比預定的時間早了一個多小時抵達基隆。

晚上接受復旦班學長 Anson 的基隆海產招待，所以今天 po 文的時間晚了點。

明天預計走二 2 號省道到澳底。

←昨天投宿飯店外面的
　自由女神像。

↑7點多的石門街道上沒
　有什麼車。

↙石門洞。

↓清晨的太陽光。

044

↖ 核一廠。

↑ 路邊可愛的魚。

← 這也是中角灣衝浪基地的設施。

↓ 剛剛設立的中角灣衝浪基地。

↖ 要到金山了。

↑ 核二廠。

↙ 金山區入口處的意象。

↓ 走到野柳了。

↑ 萬里隧道內為萬金石路
　跑製作的激勵標語。

↗ 萬里市區越南餐廳的海
　鮮麵。

↘ 就是這一間餐廳。

↓ 感謝戈 13 耀哥來陪走還
　請吃飯。

047

↑復旦班的 Anson 學
　長回基隆請我晚餐。

→今晚餐廳大廚的私
　房料理。

←外木山單車專用道耀戈
　的背影。

↓基隆車站前留下紀念 徒
　步環島 Day03 完成。

048

留言板

George Lee、龔楷元和其他387人　　　50則留言

👍 讚　　　💬 留言　　　↗ 分享

李永淞
人間處處有溫情…
繼續加油！　…
讚 · 回覆 · 1年　2

Janines Liu
人帥真好💕　1
讚 · 回覆 · 1年

Joy Chen
😎😎😎 So老大加油！
讚 · 回覆 · 1年　1

劉仲俊

讚 · 回覆 · 1年　1

Tifer Lai
Day 3 加油　1
讚 · 回覆 · 1年

Teshnu Chang
好棒！繼續看～
讚 · 回覆 · 1年　1

賴文森
學長，加油👊　1
讚 · 回覆 · 1年

Peggy Cheng
環島驗收友誼之旅！👍👍👍
哈 · 回覆 · 1年　1

Silvia Wu
佩服你的耐力！
讚 · 回覆 · 1年　1

歐陽珊
學長要不要順過來一起走走泰北風光明媚，難時痠痛都可以按摩吃泰國菜
讚 · 回覆 · 1年　1

　　So Tzeng
　　歐陽珊 好主意!
　　讚 · 回覆 · 1年

許承宇
走路請走逆向
看得到對向來車比較安全
讚 · 回覆 · 1年　2

　　So Tzeng
　　許承宇 報告是!
　　讚 · 回覆 · 1年

謝依珊
回來記得馬上加入腳踏車隊喔😄
讚 · 回覆 · 1年　1

洪文怡
太精彩了，功課也做很好，好多地方，我就算經過也不知道是什麼。
讚 · 回覆 · 1年　1

Yu-Tsai Hsieh
到台中時我陪您走一段！
讚 · 回覆 · 1年　2

　　So Tzeng
　　Yu-Tsai Hsieh 謝謝謝謝博學長!
　　讚 · 回覆 · 1年

姜宗瑋
學長gogogo💜🖤💜🖤
讚 · 回覆 · 1年

Shawn Chen
未來39天 要認真follow. 加油
讚 · 回覆 · 1年

陳賜郎
同學 加油👊　1
讚 · 回覆 · 1年

林秋陽
加油👊加油👊加油👊　1
讚 · 回覆 · 1年

宋慧慈
Again
我在羅東!　1
大心 · 回覆 · 1年

陳惠芬

讚 · 回覆 · 1年

Jamila Wang
學長這樣一趟走下來，也可嚐遍台灣美食～　1
哈 · 回覆 · 1年

張淑芳

讚 · 回覆 · 1年

黃于珊
學長，加油！　1
讚 · 回覆 · 1年

區莉玲
加油喔！

　1
讚 · 回覆 · 1年

Jeff Kuo
另類萬金石　1
哈 · 回覆 · 1年

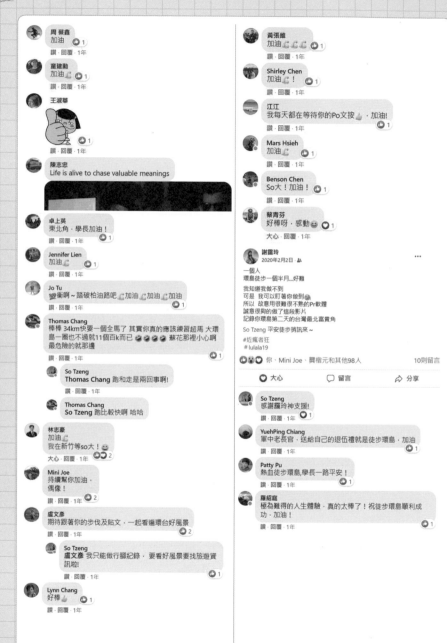

周 蔡鑫
加油 1
讚 · 回覆 · 1年

童建勳
加油 1
讚 · 回覆 · 1年

王淑華
[圖片] 1
讚 · 回覆 · 1年

陳志忠
Life is alive to chase valuable meanings

卓上英
東北角，學長加油！ 1
讚 · 回覆 · 1年

Jennifer Lien
加油 1
讚 · 回覆 · 1年

Jo Tu
噢嗨呀～踏破柏油路吧 加油 加油 加油 1
讚 · 回覆 · 1年

Thomas Chang
棒棒 34km快要一個全馬了 其實你真的應該練習超馬 大環島一圈也不過就11個百k而已 😅😅😅😅 蘇花那裡小心啊 最危險的就那邊 1
讚 · 回覆 · 1年

　　So Tzeng
　　Thomas Chang 跑和走是兩回事啊！
　　讚 · 回覆 · 1年

　　Thomas Chang
　　So Tzeng 跑比較快啊 哈哈

林志豪
加油 我在新竹等so大！😆 2
大心 · 回覆 · 1年

Mini Joe
持續幫你加油，偶像！ 2
讚 · 回覆 · 1年

盧文彥
期待跟著你的步伐及貼文，一起看遍環台好風景 2
讚 · 回覆 · 1年

　　So Tzeng
　　盧文彥 我只能做行腳紀錄，要看好風景要找旅遊資訊啦！ 1
　　讚 · 回覆 · 1年

Lynn Chang
好棒 1
讚 · 回覆 · 1年

黃張維
加油 1
讚 · 回覆 · 1年

Shirley Chen
加油！ 1
讚 · 回覆 · 1年

江江
我每天都在等待你的Po文按👍，加油！ 1
讚 · 回覆 · 1年

Mars Hsieh
加油 1
讚 · 回覆 · 1年

Benson Chen
So大！加油！ 1
讚 · 回覆 · 1年

蔡青芬
好棒呀，感動😊 1
大心 · 回覆 · 1年

謝露玲
2020年2月2日 · 🔒
一個人
環島徒步一個半月...好難
我知道我做不到
可是 我可以盯著你做到 👀
所以 故意用很難很不熟的Pr軟體
誠意很夠的做了這段影片
記錄你環島第二天的台灣最北富貴角
So Tzeng 平安徒步捎訊來～
#近瘋者狂
#lulala19

你、Mini Joe、龔楷元和其他98人　　　　10則留言

　　❤ 大心　　　💬 留言　　　↪ 分享

So Tzeng
感謝露玲神支援！ 1
讚 · 回覆 · 1年

YuehPing Chiang
軍中老長官，送給自己的退伍禮就是徒步環島，加油 1
讚 · 回覆 · 1年

Patty Pu
熱血徒步環島，學長一路平安！ 1
讚 · 回覆 · 1年

羅紹庭
極為難得的人生體驗，真的太棒了！祝徒步環島順利成功，加油！ 1
讚 · 回覆 · 1年

曦世臻寶
Ann Hsu
這位學姊
不要抬頭看人家長的高就叫學姊👌😊😄
👍 1
讚・回覆・1年・已編輯

謝露玲
曦世臻寶 我已經被叫姊到完全不反抗了😄
😄 1
讚・回覆・1年

Ann Hsu
曦世臻寶 你不知道年過五十就要裝小嗎？
❤️👍 2
讚・回覆・1年

曦世臻寶
Ann Hsu
妳不知道我們一起年過五十嗎👌😄
讚・回覆・1年

Ann Hsu
曦世臻寶 你年輕啊……我不能跟著學姊你比😊
😊 1
讚・回覆・1年

今天在飯店用了早餐後 7 點半出門，因為飯店在基隆廟口的夜市裡面，一早出門看到的畫面還蠻有意思的，每個攤位都用帆布包起來，跟昨晚人潮擁擠的情況，天壤之別。

今天繼續走台 2 線，經過海洋大學，海洋科技博物館。到深澳的時候碰到陣頭遊行，看見熟悉的三太子又出來，算算今天的路程累加起來也算是一趟戈壁活動的路程長度！

經過九份陰陽海往山上看去，是先前常來健行的茶壺山半屏山，天氣依然涼爽，沿路慢慢欣賞海邊被海浪拍造打形成的奇石，真的是巧奪天工。

在距離目的地 7km 的地方，有位騎機車的小帥哥，繞過去又繞回來，想載我到今天目的地，說出門在外互相幫忙是應該的，我說我是徒步環島不能上車啦！他說坐一下車一下又沒有關係……在距離目的地 4km 的時候，又有一輛機車靠過來，我以為又是哪位好心人士要來載我，對方把安全帽拿下口罩摘下，原來是以前在三星工作時候的供應商 Sean Pan，在臉書看到我正在進行徒步環島，特地安排時間繞過來我碰面加油，說有我這樣的朋友讓他覺得很驕傲……頓時我的臉都紅了！

今天大約4點半左右就到達住宿的地點，因為這民宿有脫水機，趕緊把全身衣服拿去洗，這樣明天就可以全身香香的出門！

明天預計繼續台2線到頭城大溪。

→清晨的基隆夜市。
↓基隆專屬的標誌。

↖ 在快速道路 62 線下面，隱身在路邊日據時代的紀念碑。（by 源銘學長：上方石壁還刻有『仰皇點』三個字 日本人在台時在這兒望向天皇皇宮。）

↑ 海門天險。

↙ 碧砂漁港旁邊公園內經國先生紀念雕像。

↓ 海洋大學。

↑ 海洋科技博物館。

↓ 要準備進九份陰陽海。

↑ 想起去年戈 14 的三太子。

↓ 蝙蝠洞紀念公園。

↑讓大台北免於水患的水利
　建設：員山子分洪。

↓台2線明隧道旁邊的步道
　風景。

↑在南雅午餐：小卷米粉。

↓九份陰陽海。

057

↑ 東北角海岸邊美石奇景。

↓ 準備進龍洞隧道。

↑ 很多釣客在這樣茫茫大海中
　居然就可以釣到魚。

↓ 在龍洞隧道裡面看出去，車
　子好像從海裡面開上來。

← 謝謝這雙腳。

↑ 來幫我加油打氣的 Sean Pan。

↓ 龍洞　石鯨魚標誌。

↖ 快到今天的目的地 - 澳底了。

↑ 以前當國民旅遊領隊的時候，最常來的東北角海岸餐廳：海王子餐廳。

← 徒步環島 Day 04 完成。

留言板

George Lee、龔楷元和其他418人　　82則留言

👍 讚　　💬 留言　　↗ 分享

李永淞
供應商也來了!
還好當年有付款😅
讚·回覆·1年　💗😆 6

Hsiao Ping Yen
一步一步的探尋台灣之美👍👍👍
讚·回覆·1年　👍1

Mini Joe
有你這樣的朋友,我打從心底覺得驕傲與榮幸!
讚·回覆·1年　👍4

　　謝露玲
　　有你們兩位這樣那樣的朋友,我打從心底覺得驕傲與榮幸!
　　讚·回覆·1年　👍😆 2

伊比牙
辛苦了👍1
讚·回覆·1年

宋慧慈
快到蘿東了!
讚·回覆·1年　👍1

蔡菁芬
接下來空氣會愈來愈好了,加油👍
讚·回覆·1年　👍1

賴文森
學長,加油👍1
讚·回覆·1年

鄧承儒
老天都給SO大最好的天氣支持!超棒
讚·回覆·1年　👍2

李達輝
加油👍
讚·回覆·1年

Penny Pan
我也覺得有這樣的乾爹真的好驕傲欸!已經第四天了!完成十分之一的行程了,乾爹加油👍
讚·回覆·1年　👍1

Mars Hsieh
速度很快乀👍1
讚·回覆·1年

Isan Ko
有沒有感受到台灣人的人情味😄
哈·回覆·1年　👍😆 2

劉仲俊
走著、走著,已往澳底方向,真難想像,走路的時辰,港期欸,噎油
讚·回覆·1年　👍1

高玉瑛
很快完全四天了
讚·回覆·1年

Yu Wen
頭城有一家牛肉麵超好吃,但只賣中午!
讚·回覆·1年　👍1

　　So Tzeng
　　Yu Wen 中午走不到頭城啊!
　　讚·回覆·1年

Tifer Lai
So San 由你帶著走遊台灣一圈,我們有你這朋友一定感到驕傲的
讚·回覆·1年　👍1

Tifer Lai
Day 4 加油👍1
讚·回覆·1年

吳建德
與有榮焉,曾董加油喔!
讚·回覆·1年　👍2

楊秉豐
加油👍1
讚·回覆·1年

王琇惠
加油 加油👍1
讚·回覆·1年

范正明
原來你穿運動鞋,有沒有準備大力膠帶...
讚·回覆·1年

　　So Tzeng
　　范正明 報告學長:這一雙運動鞋是已經換過登山鞋鞋底的改裝鞋,大力膠帶是一定要準備的.
　　讚·回覆·1年

孫承龍
加油。注意安全。
讚·回覆·1年　👍1

陳淑娟
加油、順利。
讚·回覆·1年　👍1

Athena Tsai

👍1
讚·回覆·1年

Grace Chang
還好So大意志堅強,不然我早就一屁股坐上車了
哈·回覆·1年　😆1

Coco Lee
曾爸太棒了
😄一路平安、一切順利👍
讚·回覆·1年　👍1

Randy Hung
為你祈禱每天都好天氣!
讚·回覆·1年　👍2

Regina Chu
我阿公我驕傲兔~
讚·回覆·1年　👍1

王麗云
有這樣的老爸😊真的讓我很驕傲喔😊😊😊
讚 · 回覆 · 1年 1

黃于珊
學長，加油！ 1
讚 · 回覆 · 1年

Teshnu Chang
真好看！也很想笑～
繼續努力，為您加油！ 1
哈 · 回覆 · 1年

Jo Tu
加油🏃加油🏃加油🏃衝！衝！衝！ 1
讚 · 回覆 · 1年

洪文怡
「出門在外互相幫忙是應該的」，哈，小帥哥江湖味十足😊
哈 · 回覆 · 1年 1

呂修平
讚 · 回覆 · 1年 1

洪文怡
所以衣服走了4天才洗😓 1
讚 · 回覆 · 1年

So Tzeng
洪文怡 貼身的每天換洗，外套長褲就看情況了！
讚 · 回覆 · 1年

Janines Liu
100 1
讚 · 回覆 · 1年

謝依珊
第四天完賽～繼續加油！😊 1
讚 · 回覆 · 1年

陳柏芬
繼續加油🏃 2
讚 · 回覆 · 1年

紀秉誠
👍 2

Ai-hua Hsi
2

區莉玲
加油哦！每天幫你鼓勵鼓勵！
2
讚 · 回覆 · 1年

So Tzeng
區莉玲 好久不見!謝謝區姊喔! 1
讚 · 回覆 · 1年

蕭柏林
加油！加油！ 1
讚 · 回覆 · 1年

Jeff Kuo
東北腳 1
讚 · 回覆 · 1年

林俊傑
加油 1
讚 · 回覆 · 1年

Sophia Chang
1
讚 · 回覆 · 1年

Wei Wei Hsu
果然就是我們的驕傲！ 3
讚 · 回覆 · 1年

魏學忠
同期的毅力
鼓励这段期间的每个人
不论前往大陆打拼的你或是异国的我 一起加油 1
大心 · 回覆 · 1年

鄭澤
堅持的毅力，持續的前進，加油！ 1
讚 · 回覆 · 1年

Regina Chu
嘿呀，互相幫忙一下沒關係啦😊😊 1
哈 · 回覆 · 1年

Spencer Yao
Go!Go! 1
讚 · 回覆 · 1年

Shawn Chen
第五天 加油 1
讚 · 回覆 · 1年

Talun Sung
太棒了，可惜我在泰國，否則可請你喝杯咖啡，我基隆家在中正路上，過了海門天險！
讚 · 回覆 · 1年 1

呂子厚
每天都幫你加油!! 1
讚 · 回覆 · 1年

張源銘
只有讚嘆啊！曾想但尚未做的夢。
讚 · 回覆 · 1年

Vivian Lien
加油 1
讚 · 回覆 · 1年

Eleanore New

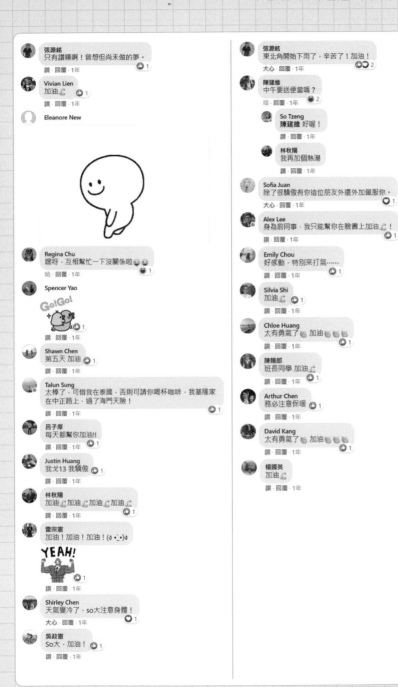

Regina Chu
嘿呀，互相幫忙一下沒關係啦
哈 · 回覆 · 1年

Spencer Yao

讚 · 回覆 · 1年

Shawn Chen
第五天 加油
讚 · 回覆 · 1年

Talun Sung
太棒了，可惜我在泰國，否則可請你喝杯咖啡，我基隆家
在中正路上，過了海門天險！
讚 · 回覆 · 1年

呂子厚
每天都幫你加油!!
讚 · 回覆 · 1年

Justin Huang
我戈13 我驕傲
讚 · 回覆 · 1年

林秋陽
加油 加油 加油 加油
讚 · 回覆 · 1年

雷宗憲
加油！加油！加油！(ʊ •̀ •́)ง

YEAH!

讚 · 回覆 · 1年

Shirley Chen
天氣變冷了，so大注意身體！
大心 · 回覆 · 1年

吳政憲
So大，加油！
讚 · 回覆 · 1年

張源銘
東北角開始下雨了，辛苦了！加油！
大心 · 回覆 · 1年

陳建維
中午要送便當嗎？
哈 · 回覆 · 1年

So Tzeng
陳建維 好喔！
讚 · 回覆 · 1年

林秋陽
我再加個熱湯
讚 · 回覆 · 1年

Sofia Juan
除了很驕傲有你這位朋友還外加佩服你。
大心 · 回覆 · 1年

Alex Lee
身為前同事，我只能幫你在臉書上加油 ！
讚 · 回覆 · 1年

Emily Chou
好感動，特別來打氣……
讚 · 回覆 · 1年

Silvia Shi
加油
讚 · 回覆 · 1年

Chloe Huang
太有勇氣了 加油
讚 · 回覆 · 1年

陳賜郎
班長同學 加油
讚 · 回覆 · 1年

Arthur Chen
務必注意保暖
讚 · 回覆 · 1年

David Kang
太有勇氣了 加油
讚 · 回覆 · 1年

楊國英
加油
讚 · 回覆 · 1年

一早出發的時候想說在路口 7-11 買個口罩備用一下，沒想到輪到我的時候居然剛好賣完……今天的氣象預報說下午可能接近頭城的時候會有小雨，所以決定早一些出門，把速度加快一點點，看能不能躲過小雨。

走著走著到福隆小休的時候，EMBA 的同學 Lake Chang（張程欽）傳來訊息，說他早上開完會之後想來陪走一段，當然歡迎啊！今天有一個重要的地方也就是第二個極點燈塔 - 三貂角燈塔，四個極點燈塔就完成 1/2 了，哈哈！

早上的時候天氣狀況真的不錯，比預定時間早了半個小時抵達三貂角燈塔，下了燈塔不久後，Lake 就跟上我了，從貢寮開始的自行車道走起來非常的舒服，因為沒有在台 2 線上，所以不必留意對向的來車，不過一路也沒有什麼商店可以補給，兩個人就一直走到大里天公廟，我們還一起向天公借膽。Lake 到了大里車站之後坐火車回程，我當然是繼續往前走，開始碰到了這幾天很難得碰見的雨天。

穿上了雨衣套上了的雨褲，繼續往今天的目的地大溪漁港前進。

在到達今天的住宿點門口時，有位大姐拿了一瓶溫熱的阿華田給我，我跟大姐說我好像不認識您厚！大姐說是旁邊開車

的大哥要給我的，大哥走下車來跟我說他是 Lu10 維群學長，害我馬上立正說學長好！我是 19 期文和。學長說他在 FB 看到我在徒步環島，今天特地到東北角來幫我加油，感動又感謝。

抵達今晚民宿後，手機訊息又傳來有人要來加油，是我 EMBA 直屬學妹 -106C 洪文怡，帶了兩個小孩來幫我打氣，再次感動又感謝！

明天繼續走台 2 線到宜蘭。

→深澳的仁和宮。
↓台 2 線路邊的藝術裝置。

↑ 舒服好走的自行車道。

↗ 龍門電廠－封存的核四廠。

→ 深澳漁港內的吳家樓仔厝。

↓ 舊草嶺自行車道導覽圖。

↑台灣極東的燈塔：三貂角
　燈塔。

↓台灣極東公園。

↑草嶺自行車道。

↓已經可以看到龜山島了。

↑跟天公借膽：大里天公廟 -
  與張程欽。

↓回首剛剛走過的路已經烏雲
  密布。

↑謝謝台大 EMBA105 級學生會會長 Lake
  來加油。

↓謝謝嚕啦啦 10 期的維群學長特別來探班。

← 謝謝台大 EMBA 直屬
　 學妹 - 洪文怡來探班。

↓ 徒步環島 Day 05 完成。

留言板

George Lee、龔楷元和其他411人　　67則留言 1次分享

👍 讚　　💬 留言　　↗ 分享

Alice Huang
每天全台灣都有上千和粉在加油打氣💕
讚・回覆・1年・已編輯 👍1

Lake Chang
感謝So大帶領跟天公借膽，祝福徒步環島順利平安
讚・回覆・1年 👍3

　So Tzeng
　Lake Chang 感謝會長今天陪走還請吃中飯.
　讚・回覆・1年・

張源銘
加油，這幾天東北角雨多，保重身體！
讚・回覆・1年 👍1

李永淞
溫馨接送情💕
歡樂滿行囊
讚・回覆・1年 👍1

賴文森
學長，加油👍 👍1
讚・回覆・1年

王意中
嗚嗚嗚，文和，原來你是走自行車道。下午，我從石城車站走濱海公路，想說能不能遇到你，但走到萊萊，四角窟觀景台一直沒遇到，就又折返，走回石城車站。此刻，正搭火車回宜蘭市，嗚嗚嗚。

👍1
讚・回覆・1年

　So Tzeng
　王意中 歹勢歹勢！
　讚・回覆・1年

　王意中
　So Tzeng 哈！我原本想站在宜蘭新北交界給你
　surprise 說

　大心・回覆・1年 👍2
　↳ 檢視另 1 則回覆

Mini Joe
勇腳加油👍 👍1
讚・回覆・1年

鄭承儒
So大 加油👍 👍1
讚・回覆・1年

王正圻
朋友一生一起走
讚・回覆・1年 👍1

顧維羣
雨中探班，噹十送暖。

大心・回覆・1年 👍11

　So Tzeng
　顧維羣 真的太意外! 感謝嚕啦啦10期的學長雨中探班.
　讚・回覆・1年 👍2

顧維羣
文和不知維羣在拍你...

讚・回覆・1年 👍4

顧維羣
下雨中...

顧維羣
雨中獨行...

大心・回覆・1年 👍10

　So Tzeng
　顧維羣 今天FB回顧跳出來,再次感謝學長出奇不易的
　紀錄與探班!謝謝您!
　讚・回覆・6天 👍1

071

黃于珊
學長，加油！ 2

顧維翬
走到大溪漁港了...碰到陌生大姐拿了一瓶溫熱的阿華田給我...我問: 妳是? 大姐回: 我不是...

大心 · 回覆 · 1年 · 已編輯 3

Isabella Chen
學長，這段對話好好笑
幸福的文和，被拍下來了，記錄勇腳
讚 · 回覆 · 1年 1

林秋陽
加油加油加油加油
讚 · 回覆 · 1年 1

顧維翬
嚕十給你加油，環島不孤獨，一路平安!

讚 · 回覆 · 1年 3

Chia-Ling Lee
每天都很期待看到學長的遊記
讚 · 回覆 · 1年 1

唐麗芬
偶像 加油 1
讚 · 回覆 · 1年

林千里
開始下雨了，要注意保暖。 1
讚 · 回覆 · 1年

林俊傑
加油 1
讚 · 回覆 · 1年

黃張維
So大加油
讚 · 回覆 · 1年

賴信翰
大溪漁港與大溪車站附近很漂亮喔
讚 · 回覆 · 1年 1

So Tzeng
賴信翰 好喔！我會多留意，謝謝小賴哥! 1

吳建德
港期A勇士，為你加油喔! 1

吳建德
💪 1
讚 · 回覆 · 1年

蔡青芬
好溫暖的旅程喔 1
大心 · 回覆 · 1年

Jeff Kuo
So大撩腳 1
讚 · 回覆 · 1年

Shawn Chen
加油加油 So大 1
讚 · 回覆 · 1年

曾德蕙
一路上都不孤單，真好! 1
大心 · 回覆 · 1年

Silvia Wu
打氣! 1
讚 · 回覆 · 1年

張明武
想到就去做
夢想不要只是夢想
做了不管結果如何
只要盡力
就不留遺憾
同學 加油 2
讚 · 回覆 · 1年

陳惠芬
又濕又冷要保溫，別太累了! 1
大心 · 回覆 · 1年

Janines Liu
強! 1
讚 · 回覆 · 1年

李達暉
用腳寫日記，用腳寫傳奇~加油 1
讚 · 回覆 · 1年

謝依珊
在37天就可以回家了 1
哇 · 回覆 · 1年

童建勳
加油加油！希望走台二線時沒有雨 1
讚 · 回覆 · 1年

陳志忠
泰岡下班來按 1
讚 · 回覆 · 1年

Tifer Lai
So San day 5 加油 👍 ！
讚 · 回覆 · 翻譯年糕 · 1年 💬1

曾慶和
羨慕 💬1
讚 · 回覆 · 1年

洪文怡
下午15:54，距離你才幾公里，雨一度大到，後座乘客話都聽不到，希望明天開始能好天氣。🙏旅途順利，平安抵達。

So Tzeng
洪文怡 感謝文怡去年此刻風雨中來探班!再次謝謝您!
讚 · 回覆 · 6天 👍1

Jennifer Lien
每天都30km？ 👍1
讚 · 回覆 · 1年

　So Tzeng
　Jennifer Lien 不一定喔！視每天的休息點而定.
　讚 · 回覆 · 1年

Lingling Tsai
接著將遇到又濕又冷的天氣，要做好保暖
讚 · 回覆 · 1年 ❤2

伊比牙
雨天時注意保暖，加油 👍1
讚 · 回覆 · 1年

留瓊玉
加油，加油．． 👍1
讚 · 回覆 · 1年

George Lee
每天的住宿怎麼安排？ 👍1
讚 · 回覆 · 1年

　So Tzeng
　George Lee 今天找明天的，每天找.
　讚 · 回覆 · 1年

　George Lee
　So Tzeng 準備步上你的後塵
　讚 · 回覆 · 1年

曹希平
加油，加油 👍1
讚 · 回覆 · 1年

紀秉誠
👍1
讚 · 回覆 · 1年

Emily Chou
學長加油 👍1
讚 · 回覆 · 1年

區莉玲
So好人緣,每天都有朋友去加油打氣!
大心 · 回覆 · 1年 ❤1

Mars Hsieh
繼續加油～～ 👍1
讚 · 回覆 · 1年

Jasmine Huang
加油 👍1
讚 · 回覆 · 1年

蔣立琦
加油 👍1
讚 · 回覆 · 1年

李世瑝
加油‧加油 👍1
讚 · 回覆 · 1年

Lynn Chang
每天都元氣滿滿 👍1
讚 · 回覆 · 1年

Alex Lee
晚到一天的加油 👍1
讚 · 回覆 · 1年

大溪漁港－頭城－宜蘭壯圍 24km

今天早上一早起來窗外還是滴滴答答下著小雨，民宿的老闆一臉的問號，問我是不是還要繼續走？當然繼續啊！用完民宿豐盛的早餐後全副武裝背包上肩。

聽說大溪漁港附近的風景非常的美麗，綿綿細雨中的龜山島果然如美女若隱若現，雖然下著雨，海邊的礁石上，還是不時會看到有人在海釣，老天爺還是非常眷顧我，走到北關海潮公園的時候雨已經停了。

休息看著手機訊息，台大 EMBA105C 同學秋陽學長說要帶熱湯來探班，果然當我到了頭城餐廳用餐時秋陽學長就到了，還真的帶了一碗熱騰騰的牛肉湯，這時手機又傳來訊息，建維學長說他也到了烏石港，我們很快用完餐就在餐廳旁邊的廟埕碰面，真的是很有心的同學啊！

下午選擇走台 2 線而不是熟悉的台 9 線，沿路沒有什麼補給，沒有雨的天氣還出了大太陽，把登山用的小雨傘都派上用場了，想像一個人背著背包走在台 2 線上撐著綠色小雨傘的畫面，可惜我一個人沒有辦法自拍下來。

走在台 2 線上，發現宜蘭的廟都蓋得非常的大且精緻，路過女媧宮，發現原來戈壁拉鏈訓練的沙灘入口地點就在對面。

今天的路程比較短一點，走了 6 天，腳踝的部分開始有點不舒服，把速度放慢下來調整。

下午 4 點多快到今天的目的地，同期的兆淋已經在路邊等我，今天免費民宿的主人南慶也在廟口就定位，等著接我回他家，順利結束今天的路程。

明天繼續台 2 線到蘇澳。

→一早從大溪漁港民宿出
　發時細雨綿綿。
↓大溪漁港附近的大安廟。

↑ 今天的目的地在右邊遠遠的。

↗ 早晨車量稀少的台 2 線。

→ 北關海潮公園，天氣開始轉為
　　陰天。

↓ 慶天宮，可以掛單喔！

↖ 宜蘭有錢人家的住宅。

↑ 外澳車站美麗的大榕樹。

← 路邊待售的石刻雕像。

↓ 從原來的伯朗咖啡看出去外
　澳沙灘的龜山島。

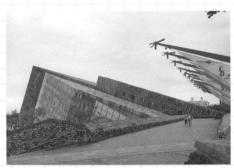

↑烏石港旁邊的蘭陽博物館。

↓台大 EMBA105C 同學 秋陽
　學長 / 建維學長。

↑救國團同期靄玲介紹的日本料
　理特色餐廳：樂屋。

↓台大 EMBA 105C 同學。

↑宜蘭的女媧宮。

↓徒步環島 Day06 完成。

↑戈壁拉鍊訓練場地。

↓嚕啦啦 19 期 南慶（今晚
　免費民宿主人）& 兆淋。

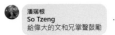 **留言板**

🔵🔴 George Lee、龔楷元和其他383人　　　67則留言

👍 讚　　💬 留言　　↪ 分享

潘瑞根
So Tzeng
給偉大的文和兄掌聲鼓勵 ...

👍1
讚・回覆・1年

Shawn Chen
🐌🐌🐌🐌 小心身體變化 加油
讚・回覆・1年

鄭承儒
加油💪 👍1
讚・回覆・1年

林俊傑
加油 👍1
讚・回覆・1年

Kaoru Chiu
｜路的美食，走路環島體重好像會增加耶😊
哈・回覆・1年 👍1

Tifer Lai
So San day 6 加油 👍1
讚・回覆・翻譯年糕・1年

Murray Chiang
加油💪！ 👍1
讚・回覆・1年

李永淞
一支小雨傘…
應該排七休一 👍1
讚・回覆・1年・已編輯

　　So Tzeng
　　李永淞 應該是要這樣。
　　讚・回覆・1年

陳莉菁
看會不會在路上碰到，我們會從台東往北開！
大心・回覆・1年 👍1

Mars Hsieh
感覺超浪漫的行程
讚・回覆・1年

Benson Chen
So大，加油！ 👍1
讚・回覆・1年

Vincent Yang
學長 加油 👍1
讚・回覆・1年

Jeff Kuo
So大 頭好壯壯！ 👍1
讚・回覆・1年

林俊傑
加油 👍1
讚・回覆・1年

Kaoru Chiu
｜路的美食，走路環島體重好像會增加耶😊
哈・回覆・1年 👍1

Tifer Lai
So San day 6 加油 👍1
讚・回覆・翻譯年糕・1年

Murray Chiang
加油💪！ 👍1
讚・回覆・1年

李永淞
一支小雨傘…
應該排七休一 👍1
讚・回覆・1年・已編輯

鄭澤
江南慶趕快帶So Tzeng去礁溪抓腳啊，抓完之後會脫胎換骨噢。
哈・回覆・1年 👍2

留瓊玉

讚・回覆・1年

林秋陽
加油💪加油💪加油💪加油💪加油💪
讚・回覆・1年

吳建德
三位同期，今晚要發揮"食酒"期的特色，要長長酒這喝！
讚・回覆・1年 👍👍2

賴信翰
交友滿天下，吃喝住就交給朋友處理了！
讚・回覆・1年 👍1

Eric Chen
從大學攝影社時期就開車繞了台灣幾圈，每天看so大一步一步前推，彷彿自己在慢慢悠遊回顧曾經過的每一個點，好紓壓🙏
讚・回覆・1年・已編輯 👍1

Jo Tu
繼續給你線上加油💪加油💪踏平台9線的柏油吧
讚・回覆・1年 👍1

Jennifer Lien
So大，瘦了！ 👍1
哇・回覆・1年

Linda Wu
同學會的環島之旅……學長加油
讚・回覆・1年

江江
要注意保暖這幾天有一波冷氣團報到!接下來花蓮應該不好走,安全第一加油！
讚・回覆・1年 👍1

賴文森
學長。加油 👍 1

Peng Jianhuai
加油加油！ 1

謝依珊
So大加油 👍 1

張力文
加油！
讚·回覆·1年 1

Justin Huang
台北下雨了.注意天候 1

林靜美
下雨了，要注意保暖哦！
讚·回覆·1年 1

童建勳
走完應該會瘦很多
讚·回覆·1年 1

卓上英
學長是從花東先走呀！
讚·回覆·1年 1

Alex Lee
讚讚讚 👍 ❤·加油 1

黃張維
So大‧‧‧‧so敬佩！ 1

Wei Wei Hsu
不要忘記休息是為了走更長遠的路喔！小心腳踝部位，晚上的敷腳很重要！
讚·回覆·1年 1

李連暉
So大，瘦大了～加油 1
讚·回覆·1年

Gene Wu
學長 加油！宜蘭美食多，多嚐嚐...
讚·回覆·1年 1

Gene Wu

讚·回覆·1年 1

Gene Wu
學長，您今天走了宜蘭海岸線之滿清八景、北關聽濤及龜山落日喔！
讚·回覆·1年 1

Ray Yao
偶像 👍
讚·回覆·1年 1

陳惠芬
別讓腳關節承受太多壓力，慢慢走、多休息、晚上熱水泡腳！
大心·回覆·1年 1

Grace Chang
明天有好吃的南方澳海鮮 🦐So大加油 1

So Tzeng
Grace Chang 延後個兩天。
讚·回覆·1年 1

黃于珊
學長，加油！ 1
讚·回覆·1年

Elma Chi
洗完澡後在腳踝摸點萬應白花油，不要按壓，可以紓解一下腳踝的不適感。 1

蔣立琦
加油 1
讚·回覆·1年

Janines Liu
好像被探親之旅阿
讚·回覆·1年 1

童建勳
下雨天走路小心注意安全

鄧淑君
隨著你看看臺灣不同的風景、人文、心境的轉變，更看到朋友、同學堅定的情誼。
適時保養、休息，
路很長～
為你祈福，加油 1
讚·回覆·1年 3

Emily Chou
注意身體喔 1
讚·回覆·1年

王正祈
東北風濕又冷，要注意保暖
讚·回覆·1年 1

區莉玲

👍 1

讚·回覆·1年

Randy Hung
腳踝要多注意 1
讚·回覆·1年

So Tzeng
今天休息沒有走，待會再向大家回報情況。 ❤️👍😊 10
讚・回覆・1年

　Mars Hsieh
　適度的休息，才能走得更遠～～ 👍 1
　讚・回覆・1年

　Janines Liu
　So Tzeng 還好嗎？生病了？ 👍 1
　讚・回覆・1年

　陳惠芬
　So Tzeng
　休息好，別太累了！ 👍 1
　讚・回覆・1年

　蔣立琦
　So Tzeng 休息一下吧 👍 1
　讚・回覆・1年

　雲紋
　自己開心，最重要! 😄 粉絲上! 👍 1
　讚・回覆・1年

　曾樂育
　休息是必要的 👍 1
　讚・回覆・1年

　鄭澤
　休息是為了走更遠 👍 1
　讚・回覆・1年

　黃建源
　宿醉？ 👍 1
　哈・回覆・1年

　So Tzeng
　Janines Liu 沒問題。
　讚・回覆・1年

　So Tzeng
　黃建源 走到新竹就可以宿醉了。
　讚・回覆・1年

曾慶和
羨慕好人緣 👍 1
讚・回覆・1年

蔡青芬
還好嗎？
休息一天泡泡溫泉♨️再出發，隨興😄 👍 1
讚・回覆・1年

Jo Tu
又不是急行軍，休息是為了走更長的路，享受一下再走也
不愁走不完，加油👊加油👊加油👊都已經走171公里了，
走完全程不知道會多少😆 👍 1
讚・回覆・1年・已編輯

　　昨天從大溪快走到宜蘭壯圍的時候，腳踝感覺非常的不舒服，每走 1km 左右就需要停下來拉一下筋。到了朋友家梳洗完畢，覺得好像有好一點，就安排預訂了蘇澳的住宿，半夜起來上廁所的時候，在走動的過程中，發現腳踝狀況好像沒有改善，加上在氣象局任職的理弘學長來訊提醒這兩天的大雨特報，就決定把今天的行程暫停，剛好 EMBA 證文學長的疼痛科今天有門診，決定把身體和裝備做一次整備，請朋友南慶開車送我回台北看門診，來解決腳踝的問題，也把這　個星期來的裝備使用做一個調整。

　　一位花蓮的老朋友 - 千里前幾天跟我聊到：這趟環島的旅程目的不是《苦修》，所以要維持健康的肉體，才能跟自己待在一起，甚至跟自己對話。這段話我一直都記在心上，很多朋友知道我開始環島的時候說我是「苦行僧」，其實並不是這樣的，行走的過程身體是一定會勞累，但是心情是非常愉悅的。所以我決定不要讓身體的痛苦影響心情，這兩天把腳的問題解決後，再繼續環島的旅程。今天還有一組人（朱朱學姐&Cole）本來半路要給我驚喜，不好意思讓您們撲空了！

看完門診再加上針灸，腳踝的問題看起來已無大礙，明天再休息 1 天觀察腳踝沒問題後，再繼續進行我的環島旅程。

明天行程：繼續放空休息。

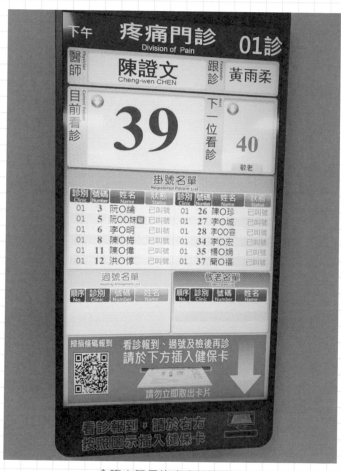

↑證文學長的疼痛科門診。

留言板

George Lee、龔楷元和其他414人　　　123則留言

讚　　　留言　　　分享

黃于瑄
學長，好好休息！
讚・回覆・1年　1

張玉輝
先休息一下 1

讚・回覆・1年

Susan Hsiung
學長~休息一天太少了啦，建議讓受傷的腳復元再繼續未完的行程
大心・回覆・1年　1

Teshnu Chang
身體可以感受到主人的愛，才能一直長長久久的走下去。
大心・回覆・1年

李美侖
對啊，學長，好好休息，復元後再繼續走，我們也才能繼續在FB跟著學長「看見」不一樣的視野~
讚・回覆・1年　2

Silvia Wu
休息是為了走更長遠的路！
讚・回覆・1年　1

李逢暉
路一直在，身體先顧好再出發~
讚・回覆・1年

簡國童
健康平安最重要
讚・回覆・1年　1

林俊傑
保重啊！
加油 1

讚・回覆・1年

Alan Chen
加油 ！
讚・回覆・1年　1

Yulin Teresa Chen
留 青山在
讚・回覆・1年

Tony Chen
有毅力，讚 1

讚・回覆・1年

Charrissa Wu
休息是為了走更長遠的路
讚・回覆・1年　1

王正祈
快樂走，平安行
讚・回覆・1年　1

徐佳馨
早日康復 1

讚・回覆・1年

鄭秀麗
我曾經二次走跑十公里，右腳踝疼痛約休息三天自動會好，給學弟參考。
讚・回覆・1年　1

So Tzeng
鄭秀麗 謝謝學姐喔！
讚・回覆・1年

鄭秀麗
So Tzeng 文和，加油！
大心・回覆・1年　1

江江
小歇一下!接下來更困難,加油
讚・回覆・1年

So Tzeng
江江 別嚇我啦！
讚・回覆・1年

王瑱惠
快樂走，平安行
讚・回覆・1年　1

李永淞
職棒投手
投一休四
你 應該週休二日
讚・回覆・1年　2

Lake Chang
休息完備，心情愉悅再出發
讚・回覆・1年　1

陳淑娟
休息再出發，加油
讚・回覆・1年

陳淑娟

1

讚・回覆・1年

Don Suen
多保重身體！ 1

讚・回覆・1年

謝靄玲
休養是對的
臉滄桑掉壞掉沒關係，腳要顧好
哈・回覆・1年　4

So Tzeng
謝靄玲 這樣以後怎麼拍照啦？
讚・回覆・1年　1

高于歡
謝靄玲 學長靠臉吃飯，臉不能爛
讚・回覆・1年　1

謝靄玲
So Tzeng 背影強大
讚・回覆・1年

謝靄玲
高于歡 噹家學長制太徹底了
讚・回覆・1年

高于歡

讚 · 回覆 · 1年

回覆......

Ricky Yang
這是榮總？
讚 · 回覆 · 1年

So Tzeng
Ricky Yang 台北市立醫院和平院區。
讚 · 回覆 · 1年

Ricky Yang
So Tzeng 喔...... 這家醫院真的非常非常不建議
讚 · 回覆 · 1年

So Tzeng
Ricky Yang 專家同學在這裡服務,特地去請同學幫忙,沒問題的!
讚 · 回覆 · 1年

Mini Joe
路永遠都在,
休息是必要的!
讚 · 回覆 · 1年

賴文森
學長,加油
讚 · 回覆 · 1年

Gene Wu
學長,加油
讚 · 回覆 · 1年

陳慈貞
不急著走,身體顧好先,慢慢來,路永遠都在
讚 · 回覆 · 1年

劉韋廷
辛苦了,學長
讚 · 回覆 · 1年

朱聖和
文和,加油
讚 · 回覆 · 1年

Mars Hsieh
愉悅的身心徒步環島,是正確的選擇!
讚 · 回覆 · 1年

So Tzeng
Mars Hsieh 東學長一起來吧!
讚 · 回覆 · 1年

Mars Hsieh
喝一杯嗎

吳建德
休息是要走更長的路,加油
讚 · 回覆 · 1年

王麗云
還是要先顧好身體,畢竟有強健的身體才能繼續往後的行程
讚 · 回覆 · 1年

蔡仁傑
順著自己的心,支持你!加油。
讚 · 回覆 · 1年

謝尚霖
好好休息再繼續
So大加油!
讚 · 回覆 · 1年

宋慧慈
休息完,是從宜蘭開始出發嗎?
讚 · 回覆 · 1年

Emily Chou
休息是為了走更長遠的路~
讚 · 回覆 · 1年

Peggy Su
叔叔要好好休息噢~加油~
讚 · 回覆 · 1年

Thomas Chang
要加強核心才不容易受傷喔
讚 · 回覆 · 1年

Lynn Chang
學長休息一下,再等您的行程報導
讚 · 回覆 · 1年

徐國耀
休息是為了走更長遠的路唷!
讚 · 回覆 · 1年

鄭承儒
很有禪意+智慧 加油
讚 · 回覆 · 1年

Daniel Liou
早日康復
讚 · 回覆 · 1年

陳柏芬
路永遠都在,
休息是必要的!
善待身體才有好心境!繼續加油!
讚 · 回覆 · 1年

Lee Leu
正是,要有健康的身體,才能在肉體的磨練下,展開與自己心靈的對話。腳千萬不能廢,還有祕境還沒去!!
讚 · 回覆 · 1年

So Tzeng
Lee Leu 謝謝學長記得祕境還沒去!
讚 · 回覆 · 1年

Chia-Ling Lee
名副其實"休息是為了走更長遠的路"
讚・回覆・1年

Shawn Chen
好樣的，有了愉悅心加上輕鬆的身體，旅程更加豐富😋😋😋😋😋
😋・回覆・1年　1

Jon Wang
記得睡前多拉腳底板伸展！很有幫助！
讚・回覆・1年　1

Jeff Kuo
符合勞基法，連續工作不可超過六天。
讚・回覆・1年

大頭
該休息就休息一下，可以走得更遠，保重哦。
讚・回覆・1年

David Kuo
休息一下無妨😌，最好找個溫泉鄉鬆一下！
哈・回覆・1年　1

　　So Tzeng
　　David Kuo 郭董有沒有special 介紹一下？
　　讚・回覆・1年

童建勳
對啊！要休息😁　1
讚・回覆・1年

雷宗憲
休息一下，身体健康最重要！
讚・回覆・1年　1

吳政憲
好好休息，加油！
讚・回覆・1年　1

Ellie Huang
當然不是苦行，而是要健康快樂行! 讓腳踝好好休息一下再繼續囉！
讚・回覆・1年　1

林秋陽
加油🏃加油🏃加油🏃加油🏃加油🏃加油🏃
讚・回覆・1年

Athena Tsai
除了佩服 只有仰慕了🙆
哈・回覆・1年　1

Eric Chen
青山不改 濾水長流
讚・回覆・1年　1

I-Fong Chen
So大休息一下，沒有趕時間可以慢慢走慢慢旅行~
讚・回覆・1年

　　So Tzeng
　　I-Fong Chen 是真的沒有趕時間, 所以慢慢行.
　　讚・回覆・1年　2

Regina Chu
哭哭　1
大心・回覆・1年

　　So Tzeng
　　Regina Chu 惜惜
　　讚・回覆・1年

Dawsen Tang
學長，一定要保重身體！
讚・回覆・1年　1

杜建興
休息才能走的長遠
讚・回覆・1年　1

Pauline Chang 張珮倫
Wishing you a speedy recovery.
讚・回覆・翻譯年糕・1年　1

Angela Chou
學長還可以再去戈壁走幾趟😁
哈・回覆・1年　1

　　So Tzeng
　　Angela Chou 妳再說一次。
　　讚・回覆・1年

許承宇
再出發　1
讚・回覆・1年

Vicky Tseng
保重加油🏃
讚・回覆・1年

Ann Tsai
儲備健康，走更長遠的路！🏃
讚・回覆・1年

謝依珊
So大要保重，休息夠了再繼續🙏
讚・回覆・1年　1

Tifer Lai
So San ,you are best 👍1
讚・回覆・翻譯年糕・1年

陳志忠
How many roads a man walk down before you call him a man? Rest for more

黃明展
爬山的都知道，山永遠都在，不用勉強
讚・回覆・1年　1

So Tzeng
黃明展 報告學長:Yesir.
讚・回覆・1年

Serena Lin
留得青山在～♥ 保重身體！
讚・回覆・1年　1

Yi-Chuan Chen
很感動
還是要請您多休息，別太勉強
大心・回覆・1年　1

So Tzeng
Yi-Chuan Chen 謝謝社長！
讚・回覆・1年

盧文彥
背太重了，連續幾天操下來很傷，要調整
讚・回覆・1年

Wei Wei Hsu
行李可以用寄到下榻附近的小7，方便很多！不然請探班的負責背，哈哈哈哈
讚・回覆・1年・已編輯　3

盧文彥
So Tzeng可以多利用「店到店」方式，把衣物或不是每天必用的物品分裝成兩包，交替寄件收件，可以減輕負擔許多
讚・回覆・1年・已編輯

So Tzeng
謝謝二位的建議喔！
讚・回覆・1年　1

Troy Lin
So大還是要多休息喔～
讚・回覆・1年

Randy Hung
有鄭文學長加持，一定沒問題啦！
話說鄭文學長原來一專長是男性科，可以順便看一下...哈哈
哈・回覆・1年・已編輯　1

So Tzeng
Randy Hung 這個能看不能說啊！
讚・回覆・1年

李春和
文和 加油～～　1

Grant Fan
早日不痛哦，加油
讚・回覆・1年

高玉瑛
休息是為了走更遠的路　...
讚・回覆・1年

Patrick Mak
YEAH!　2
讚・回覆・1年

Coco Lee
身體要顧好哦！
好好休息再出發。
讚・回覆・1年　1

陳賜郎
好好休息再出發，其實可以把時日延長，做深度之旅，每一個鄉鎮住個幾天，不要為徒步環島而徒步，應該可以好好感受我們台灣的每一個鄉鎮的好！祝福您！切順利，同學聚會時再分享給我們，我也有環島的念想！
讚・回覆・1年　2

Silvia Shi
加油...👏　1

李世達
加油加油，這是另一種與自己獨處的體悟
讚・回覆・1年　1

紀秉誠
加油！take care！
讚・回覆・1年

Shirley Chen
休息是為了走更長的路！加油！
讚・回覆・1年　1

李穎坤
有沒有好一點？　1
讚・回覆・1年

So Tzeng
李穎坤 今天繼續環島行程。
讚・回覆・1年　1

王皚菲
佩服👍　1
讚・回覆・1年

So Tzeng
王皚菲 格格從戈壁B隊進化為A隊，真正令我折服.
讚・回覆・1年

Benson Chen
加油加油加油💪
讚・回覆・1年

Peggy Chang
保重 要先好好保養身體喔
讚・回覆・1年　1

Kuo Johnson
👍　1
讚・回覆・1年

Jasmine Huang
果然休息是為了走更長遠的路👍
讚・回覆・50週

宜蘭壯圍－蘇澳 22km

　　首先非常謝謝各位朋友對我腳傷的關心。

　　是的！我回到環島的路上。

　　休息了兩天，覺得腳踝的狀況恢復得不錯，昨晚決定今天早上繼續環島的行程。一早請朋友從家裡接到宜蘭壯圍，繼續我的環島路程。

　　今天的路線終點是蘇澳，路程沒有太長，想說如果走到蘇澳很辛苦，就從蘇澳坐火車回台北繼續休息。前幾天的行進速度，由於不了解自己的步行速度，節奏有點混亂，今天重新開始，把行進的速度穩下來，腳踝的狀況也很好，明天繼續出發是沒問題了。

　　大部份朋友的留言都說：休息是為了走更遠的路，的確，從一開始天真浪漫的想隨地紮營到現在的路程重新規劃，都是在親身經歷後做出的適當調整。適度的休息確實必要，台灣的交通真的很方便，如果在這段的環島日子，你突然在台北街頭，或是某個城市的街頭看到我在閒晃，請不要覺得意外！

　　今天的路程因為不是很長，時間控制得宜，中午過後嚕17的信泓學長來陪走，到了今天的目的地 - 蘇澳大飯店後，搭了學

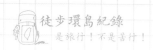

長的車子經蘇花改到東澳的粉鳥林一遊。粉鳥林果真是祕境，
岸邊的石頭景觀相當特別，我也暫時充當網紅，留下幾張精彩
的照片。

明天將開始蘇花公路的旅程，走原來的蘇花公路到南澳。

→一早回到前天結束的地方
　開始。

↓宜蘭的宮廟真的蓋得都很
　富麗堂皇。

↑台二線路邊民宅美麗的壁畫。

↓距離今天的目的地還有 17 公里。

↑戈 13B 隊的夥伴在這裡有間廟。

↓葛瑪蘭橋上看冬山河。

093

↑過了噶瑪蘭橋就看到台大學姐家的綠舞飯店。

↓利澤工業區裡面的虎牌米粉博物館：有免費米粉吃到飽，不過前提是要買門票參觀。

↑路過國際傳統藝術中心。

↓利澤工業區內有趣的招牌。

↑ 宜蘭的利澤工業區。

↓ 嚐一下黑糖珍珠奶茶。

↑ 跟嚕啦啦 17 期信泓學長 在珍奶文化館。

↓ 進到蘭陽隧道，出口就是蘇澳市區了：學長幫我拍的。

↖ 搭學長的車體驗蘇花改，到東澳粉鳥林。

↑ 粉鳥林的美麗風景。

← 我在粉鳥林海邊。

↓ 粉鳥林海邊的餐廳只有營業到下午3點。

↑ 第一次吃到把魚骨頭處理掉的白帶魚。

↓ 徒步環島 Day 07 完成。

↑ 蘇澳大飯店樓上看出去的蘇
　澳港夜景。

↓ 謝謝 21 期美文的關鍵錠。

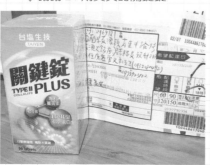

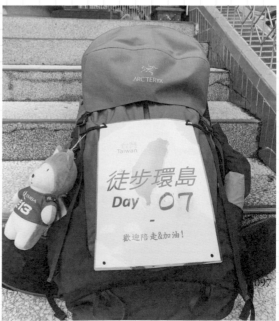

徒步環島紀錄
是旅行！不是苦行！

f 留言板

👍❤️😊 George Lee、龔楷元和其他379人　　　66則留言

👍 讚　　💬 留言　　↗ 分享

雷宗憲
加油！保重身体！

讚 · 回覆 · 1年 👍1

顏維辜
加油！保重身体！
讚 · 回覆 · 1年 👍1

宋慧慈
我今天在趕稿，就錯過了陪你走。
大心 · 回覆 · 1年 ❤️

> **So Tzeng**
> 宋慧慈 謝謝學姐喔!
> 讚 · 回覆 · 1年 👍1

劉仲俊
加油，加油！
讚 · 回覆 · 1年 👍1

Teshnu Chang
原來的蘇花公路很令人期待耶～不過明天天天氣變涼了，也請注意保暖喔！
讚 · 回覆 · 1年 👍1

邱椿蓉
So哥，請務必力而為，身體健康最重要..........加油
讚 · 回覆 · 1年 👍2

> **So Tzeng**
> 邱椿蓉 瞭解的!謝謝小護士.妳在醫院自己也要多小心保重喔!
> 讚 · 回覆 · 1年 👍2

> **邱椿蓉**
> So Tzeng 會的會的，一定要好好保護自己才行，有太多人需要我了(哪來的自信😊)
> 讚 · 回覆 · 1年 👍2

陳慈貞
文和，你要不要考慮背包行李改成用有輪子拉的呀！有人是這麼徒步環島的呦！
讚 · 回覆 · 1年 · 已編輯

> **Wen Lily**
> 陳慈貞 哈哈哈，好主義，最好還可以當椅子 🪑
> 讚 · 回覆 · 1年 👍2

> **陳慈貞**
> Wen Lily 沒錯 😂😂😂
> 讚 · 回覆 · 1年

> ↳ 檢視另 1 則回覆

Frank Yuan
So 哥，這真是最好的隔離，安全啦 👍
讚 · 回覆 · 1年 👍1

> **So Tzeng**
> Frank Yuan 自我隔離。
> 讚 · 回覆 · 1年 👍1

Hsu Shih-Ning
加油
注意身體狀況
沿路風景都在等你...... 查看更多
讚 · 回覆 · 1年 👍1

Spencer Yao
任何長時間的運動
都一定要排休息日
讓腳可以休息 人也放鬆心情...... 查看更多
讚 · 回覆 · 1年 · 已編輯 👍1

> **So Tzeng**
> Spencer Yao 姚Sir 所言甚是，一定照辦.
> 讚 · 回覆 · 1年 👍1

> **Spencer Yao**
> So Tzeng 加油 ～ 持續關注中
> 大心 · 回覆 · 1年 ❤️

李達暉
吃個南澳街上著名的"烏醋麵"跟"剝皮辣椒湯" ～之後建華冰室也不要錯過喔
讚 · 回覆 · 1年 👍4

> **So Tzeng**
> 李達暉 妳怎麼都知道？
> 讚 · 回覆 · 1年 👍1

> **李達暉**
> So Tzeng 我去過南澳很多次了
> 讚 · 回覆 · 1年

> **許承宇**
> http://ksk.tw/....../297528770-
> %5B%E5%AE%9C%E8%98%AD......
>
>
>
> KSK.TW
> [宜蘭南澳．美食推薦] 安打烏醋麵～剝皮辣椒雞湯～建華冰店～...
> 讚 · 回覆 · 1年 👍1

范正明
要不要考慮去換一雙現在Nike最紅的馬拉松跑鞋？它的吸震很不錯，鞋子本身也夠輕。登山鞋的鞋底太硬太重，適合走崎嶇不平的山路，但是走柏油路應該不大需要這麼厚重的鞋底...
讚 · 回覆 · 1年 · 已編輯 👍1

> **So Tzeng**
> 范正明 這雙是美津濃的跑鞋下去換輕量的登山鞋底.目前適應的還不錯，如果有必要，我會依學長的建議換購.感謝學長喔!
> 讚 · 回覆 · 1年 · 已編輯 👍1

> **范正明**
> 沒問題啦長路漫漫，只是幫忙出點子保養你的腳而已...
> 大心 · 回覆 · 1年 👍1

Wen Lily
加油啦 👍1
讚 · 回覆 · 1年

林俊傑
加油 👍 1
讚・回覆・1年

賴文森
學長，加油 💪
過年才回故鄉，去過粉鳥林秘境、珍奶文化館、炮台山俯看蘇澳港，走累了記得停下來看一下沿路美景 👍 1
讚・回覆・1年

Tifer Lai
So San day 7 加油 💪・👍 1
回覆・翻譯年糕・1年

謝世隆
夏天的時候，帶你划sup逛粉鳥林，那才是秘境中的秘境 👍 1
讚・回覆・1年

　　So Tzeng
　　謝世隆 謝謝同學，不過水上活動我不擅長嘿！
　　讚・回覆・1年

張力文
加油 💪 👍 1
讚・回覆・1年

Alex Lee
加油 👍 🧡 🌸 🍀 👟 加加油 💪
讚・回覆・1年

Susan Hsiung
學長，剛復原的腳傷建議步調可放慢一點呦！😊學妹為您加油 👍 1
讚・回覆・1年・已編輯

大頭
加油💕💪 👍 1
讚・回覆・1年

Don Suen
加油 👍 1
讚・回覆・1年

潘瑞根
So Tzeng
文和兄加油
👍 1

Eric Chen
壯遊 👍 1
讚・回覆・1年

Simone Kang
加油！ 👍 1
讚・回覆・1年

魏學忠
加油 👍 1
讚・回覆・1年

紀秉誠
👍 👍 1
讚・回覆・1年

Lee Leu
加油，所以這趟環島也會是祕境蒐集之旅，最後才會去最高的祕境？
哈 👍 1

　　So Tzeng
　　Lee Leu 最高的祕境時間要看學長安排囉!
　　讚・回覆・1年

Jeff Kuo
上帝說第七日是休息的日子，結果學長又加班趕進度了。
哈 👍 1

　　So Tzeng
　　Jeff Kuo 沒有加班喔!我上正常班.
　　讚・回覆・1年

謝依珊
戈13的夥伴精神與你同行～～
沿路的風景好美，真的要1步1腳印才有更深的記憶 👍 1

Mars Hsieh
維持最佳最穩定的感覺⋯⋯別急，也別鬆懈，慢步欣賞台灣的美 👍 1

黃于珊
學長，加油！💪
讚・回覆・1年 👍 1

Gene Wu
學長，加油！💪
讚・回覆・1年 👍 1

Gene Wu
記得泡一下世界惟二的蘇澳冷泉，泡完通體舒暢，廟旁有老牌米粉羹，再走到南方澳吃海鮮補一下，加油！！！！

Gene Wu
💪 👍 1
讚・回覆・1年

Jo Tu
🧡加油💪加油💪加油💪171＋22＝191路平專案踏平柏油吧😄 Keep walking Sowalker 👍 1
讚・回覆・1年・已編輯

陳惠芬
走蘇花請小心安全
讚・回覆・1年

黃張維
加油加油💪💪💪
讚・回覆・1年 👍 1

Lynn Chang
佩服So學長的意念！加油💪💪💪
讚・回覆・1年 👍 1

Cody Lee
加油 1
讚・回覆・1年

張健生
安全是回家唯一的路！保重 1
讚・回覆・1年

Grant Fan
加油！加油！加油！ 1
讚・回覆・1年

吳政憲
加油！ 1
讚・回覆・1年

林靜美
加油 1
讚・回覆・1年

Angela Chen
So大加油！！ 1
讚・回覆・1年

蘇澳－東澳－南澳 27km

　　今天開始進入蘇花公路的範圍，由於蘇花改蘇澳到東澳段已經通車，雖然今天是星期六，原來的蘇花公路幾乎沒有什麼車子，一開始將近4公里的緩坡，慢慢走當熱身，走到南方澳觀景台的時候，開始下起了小雨，先把帶來的雨傘撐起來，本想穿上雨衣雨褲，走了200公尺雨就停了，然後就是一路的毛毛雨和太陽交替，我的雨傘就變成雨陽傘兩用。

　　靠著海岸的蘇花公路，沿途的海景真的是非常美麗，只可惜現在的人求安全快速，只能在蘇花改的隧道裡面看著水泥牆壁。

　　走到蘇花公路大概9k安魂紀念碑的時候，突然聽到有人喊著：吼！文和終於找到你了……在這個地點（安魂紀念碑）……著實嚇了我一大跳，原來是前幾天在台2線沒有找到我的嚕啦啦同期-意中，開著他的小藍要來陪我走一段。我跟他就從接近東澳3公里的地方開始走，意中以宜蘭人在地的熱情跟我介紹這沿途的美麗風景。往東澳的蘇花公路上可以看到昨天去拜訪的粉鳥林。

　　兩人一起在東澳用了午餐後，繼續前行，過了東澳之後車子就多了起來，因為這一段沒有蘇花改，意中的陪走非常專業，

如果不是在我的旁邊，就是在我的後面。兩人邊走邊聊時間過得很快。比預計時間提早了一個小時到達南澳，（有學長說這家冰比較好吃），還在南澳車站前買很有名的胡椒餅。

今天放慢腳步穩穩的走，雙腳的情況感覺很好，請各位朋友放心。

明天繼續蘇花公路，預計走到和平。

→蘇花公路的起點。

↓從這裡可以看到去年斷掉的
　南方澳大橋。

↖ 南方澳漁港全景。

↑ 太陽光透過雲層照在海面上。

← 蘇花公路上的美麗藝術造景。

↓ 這時候的太陽很大，蘇花公路
　上幾乎沒有什麼車。

↖ 蘇花公路上的安魂碑。

↑ 特地來陪走加油的嚕啦啦同
　 期：意中。

← 粉鳥林的月形彎。

↓ 蘇花公路的 19 km 路標。

↑ 新澳隧道，過了這隧道就
　到南澳。

↓ 到南澳鄉了。

↑ 走在新澳隧道裡面，因為都有路沿，
　所以走起來很安全。

↓ 在建華冰店對面的南興冰店，台大
　的學長推薦這家冰店其實也很好吃。

105

↖ 紅豆雞蛋冰。

↑ 南澳市區的美麗圖騰。

← 南澳車站 - 這車站很有意思 台 9 公路
在這裡分左右邊 右方海側住閩南人。
行政區屬蘇澳鎮。左邊山側住泰雅
族。行政區屬南澳鄉。這車站是台灣
唯一不在自己的行政區的車站。南澳
車站不在南澳 在蘇澳。這新鮮事很少
人知道　By 許承宇學長。

↓南澳車站前很有名的胡椒餅。

↑ 台大學姐推薦的烏醋麵。

↓ 徒步環島 Day08 完成。

↑ 很有趣的辣椒小姐。

↓ 蘇花公路的 19 km 路標。

留言板

李永淞
半路也是會被逮到😅
讚 · 回覆 · 1年　👍 1

Vincent Yang
學長 繼續加油！
讚 · 回覆 · 1年　👍 1

陳柏芬
ENJOY!
Jennifer Lien
繼續享受！👍 1
讚 · 回覆 · 1年

吳建德
進入蘇花段後，體驗美景外，在隧道內千萬要注意安全喔！
讚 · 回覆 · 1年　❤ 2

陳志忠
Awesome so bad

讚 · 回覆 · 翻譯年糕 · 1年　👍 1

黃于珊
學長，加油！💪 👍 1 ···
讚 · 回覆 · 1年 · 已編輯

王意中
新澳隧道內，動人的背影

顧維翠
明天的路程到蘇花公路起點的路段，彎道多、隧道多、落石多、路又窄、卡車多、斷崖多、風景美，文和要特別小心....平安!
大心 · 回覆 · 1年　💬 3

So Tzeng
顧維翠 謝謝學長!
讚 · 回覆 · 1年　👍 1

陳惠芬
謝謝分享美景！
讚 · 回覆 · 1年　👍 1

Mini Joe
讚👍 👍 1
讚 · 回覆 · 1年

Jo Tu
🤭191＋27＝218KM 今天正式突破200K大關，加油💪加油💪加油💪。準備踏破蘇花的柏油路面凡事小心安全，畢竟這段路途是連騎（開）車都得小心翼翼的路段，更不用說你是11路了😂
大心 · 回覆 · 1年　👍 1

陳賜郎
注意安全！旅程平安。
讚 · 回覆 · 1年　👍 1

謝依珊
人緣好真好💕❤
讚 · 回覆 · 1年　👍 1

Tifer Lai
So San day 8 加油💪！
讚 · 回覆 · 翻譯年糕 · 1年　👍 1

林俊傑
加油
讚 · 回覆 · 1年　👍 1

賴文森
學長，加油💪 1
讚 · 回覆 · 1年

Janines Liu
好強啊……👍 1
讚 · 回覆 · 1年

魏學忠
南澳到和平段 注意安全 ···
加油
讚 · 回覆 · 1年　👍 1

王意中
一步一腳印，以最貼近土地的方式，樂在其中，出新澳隧道，往南澳

Mars Hsieh
面向來車，慢慢走，安全第一！
進隧道要開閃燈物品！
讚・回覆・1年　2

So Tzeng
Mars Hsieh 報告學長:有準備閃燈喔!
讚・回覆・1年

李逢輝
👍 1
讚・回覆・1年

許承宇
蘇花三座山已走過最高的兩座 恭喜學長 明早走3.5K到武
塔過橋才會繼續爬坡 最高255M 但山上起起伏伏分不清哪
裡是最高點 開心的是再次見到壯闊的太平洋,遠處有一根
大煙囪是和平電廠.下坡終點左側漢本車站 不趕時間的話
進去月台晃晃 咫尺海景很美 這車站每日上下乘客是個位
數 反而凸顯它的荒蕪美感.再來穿過隧道跨過溪.花蓮就到
了 瘦大學長 預祝平安順利
讚・回覆・1年・已編輯　4

　洪文怡
　許承宇 你家後院嗎？
　讚・回覆・1年

　許承宇
　真的很熟悉 比當地人還熟 對台灣史地 一直有份狂
　熱
　讚・回覆・1年　2

　↳ 檢視另 1 則回覆

許承宇

蘇花公路（蘇澳→秀林）

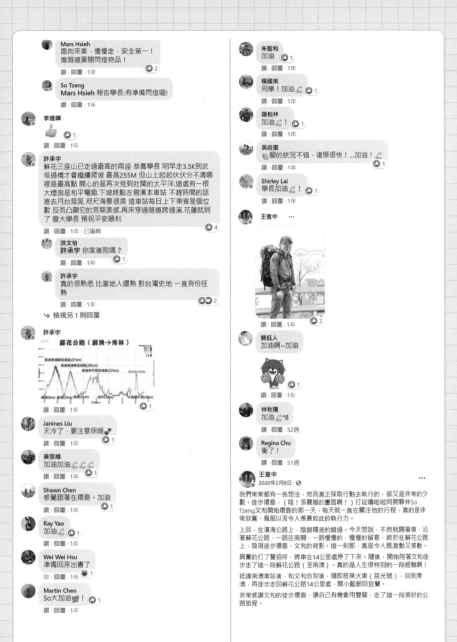

讚・回覆・1年　1

Janines Liu
天冷了，要注意保暖💕
讚・回覆・1年　1

黃張維
加油加油💪💪💪
讚・回覆・1年　1

Shawn Chen
感覺跟著在環島。加油
讚・回覆・1年　1

Ray Yao
加油💪 1
讚・回覆・1年

Wei Wei Hsu
準備回來出書了
哈・回覆・1年　1

Martin Chen
So 大加油💪！
讚・回覆・1年　1

朱聖和
加油 1
讚・回覆・1年

楊國英
同學！加油💪 1
讚・回覆・1年

蕭柏林
加油💪！
讚・回覆・1年

吳政憲
😎腳的狀況不錯，復原很快！...加油！😎
讚・回覆・1年　1

Shirley Lai
學長加油💪！
讚・回覆・1年

王意中
讚・回覆・1年　2

簡鈺人
加油啊～加油
😀 1
讚・回覆・1年

林秋陽
加油💪*8
讚・回覆・52週

Regina Chu
衝了！
讚・回覆・51週

王意中
2020年2月8日・🌐

我們常常都有一些想法，然而真正採取行動去執行的，卻又是非常的少
數。徒步環島，（哇！多震撼的畫面啊！）打從噶啦啦同期夥伴So
Tzeng文和開始環島的那一天，每天就一直在關注他的行程，真的是非
常欣賞、佩服以及令人羨慕如此的執行力。

上回，在濱海公路上，陰錯陽差的錯過。今天想說，不然就開著車，沿
著蘇花公路，一路往南開，一路慢慢的，慢慢的留意，終於在蘇花公路
上，發現徒步環島，文和的背影，這一剎那，真是令人既激動又感動。

興奮的打了聲招呼，將車在14公里處停了下來，隨後，開始陪著文和徒
步走了這一段蘇花公路（至南澳）。真的是人生很特別的一段經驗啊！

抵達南澳車站後，和文和告別後，隨即搭乘火車（莒光號），回到東
澳，再徒步走回蘇花公路14公里處，開小藍飆回宜蘭。

非常感謝文和的徒步環島，讓自己有機會用雙腳，走了這一段美好的公
路旅程。

南澳－和平 26km

今天是蘇花公路第二天的路程，因為南澳到和平有蘇花改，今天的路程，應該就類似從蘇澳到東澳，車子會很少，有關路程的資訊，許承宇學長已在昨天的臉書說明，上坡的路段不長，平緩和下坡的路段居多。

一早 6 點鐘 LINE 傳來訊息，17 期學長信泓要再來陪走今天的路程。從台北到南澳車程不短，心想學長到要怎麼過來？我依照原定的計畫 7 點半出發，8 點的時候，突然一台藍色的小轎車開過來停在路邊，學長已經到了，從台北直接坐 uber 過來，實在是令人感動！

過了 5K 多的路程候後，開始走在太平洋海岸邊，蘇花美麗的海景再度呈現眼前，原來的蘇花公路上車不多，和學長邊走邊看邊拍，甚是愜意。走了快 10K 左右的距離，在一個明隧道裡面看到一計程車駕駛，一直看著我，好像是要攬客的感覺，接近明隧道的出口時，看到計程車停在路邊？有人大聲喊著我的名字……原來是 10 期的慧慈學姐。一直說想要陪我走一段的慧慈學姐，終於在路上找到我了！

大家享用學姐帶來的新鮮櫻桃，繼續今天的路程。沿著海岸線的原蘇花公路真的非常美麗，蘇花改之後，這一段路的車

子變得很少，非常適合騎單車和健行。三個人一路聊天，走著走著就到了漢本車站。就在漢本車站，學長和學姐搭火車回羅東，結束今天的陪走行程，我則繼續今天未完的路程。

漢本車站非常的迷你，對環島的人來說是一個非常好的休息點，候車大廳裡有一片留言板，留下了很多環島休息人的隻字片語，我當然也要留下記錄。聽說漢本的海灘顏色是憂鬱的藍色，今天沒有時間去親眼目睹，下次再來的話就可以安排一下。

送走了學長和學姊，我繼續我的路程，經過漢本隧道之後是大濁水橋，過了橋就到花蓮縣的範圍，也是今天的目的地－和平。

明天繼續蘇花公路路程，預計從和平走到新城。

↑昨天晚上的民宿只有我
　一位客人 - 包場的 VIP。

↓蘇花改第二段從南澳然
　後開始一直到和平。

↑壯麗的蘇花改建設。

↓嚕啦啦 17 期信泓學長坐 uber 從
　台北直接過來南澳路上會合。

↑往和平的路上，前面的民宅
過去就會看到海了。

↓蘇花公路壯麗的海岸線。

↑過了民宅真的就看到太平洋了。

↓走在蘇花公路上看太陽光穿透
過雲層照到海面上。

114

↖ 一路上沒有什麼車的蘇花公路。

↑ 與 17 期信泓學長在蘇花公路上。

← 寂靜美麗的蘇花公路。

↓ 蘇花公路上的美麗海岸線。

115

↑ 漢本車站。

↓ 漢本車站裡面的留言板。

↑ 走在蘇花公路上的我。謝謝信泓學長拍攝。

↓ 澳花隧道。

↑ 走在澳花隧道裡面。

↓ 徒步環島 Day09 完成。

↑ 大濁水溪及大濁水溪橋。
　過了這橋就到和平。

↓ 和平到了。

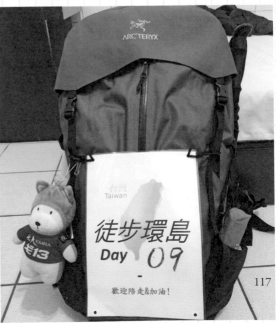

117

f 留言板

George Lee、龔楷元和其他377人　　　34則留言

👍 讚　　💬 留言　　↗ 分享

陳惠芬
明天住千里家？
讚 · 回覆 · 1年　1

　So Tzeng
　陳惠芬 後天喔！
　讚 · 回覆 · 1年　1

李永淞
橘情滿天下……　1
讚 · 回覆 · 1年

潘瑞根
So Tzeng
環島路程學長學弟學姐學妹及好友分段相挺陪伴，文和兄好人緣讓人欽羨，明天Day10，預祝文和兄行步平穩，十全十美。

1
大心 · 回覆 · 1年

　So Tzeng
　潘瑞根 謝謝潘老師!
　讚 · 回覆 · 1年

Jo Tu
🚶218KM+26KM=244 KM加油🚶加油🚶加油再3天就可破三百了。安全的壓平所有柏油路吧😊
讚 · 回覆 · 1年　1

江江
一路有好山好水好友陪伴...一定不寂寞的!💕💕
讚 · 回覆 · 1年　1

顏維章
加油!越走越平順!
讚 · 回覆 · 1年

吳建德

1
讚 · 回覆 · 1年

林俊傑
加油　1
讚 · 回覆 · 1年

區莉玲
每天都有溫情陪伴，走起來感覺不寂寞。
讚 · 回覆 · 1年　1

Yulin Teresa Chen
天時地利人和的環島 遠離人群&口罩　1
讚 · 回覆 · 1年

Benson Chen
So大，加油! 🙌👏　1
讚 · 回覆 · 1年

　黃于珊
　學長，加油🚶　1
　讚 · 回覆 · 1年 · 已編輯

吳政憲
So大學長，繼續加油! 👣👣👣　1
讚 · 回覆 · 1年

李達暉
加油加油加加油~
讚 · 回覆 · 1年　1

賴文森
學長，加油🚶　1
讚 · 回覆 · 1年

Tifer Lai
So San day 9 加油🚶!
讚 · 回覆 · 翻譯年糕 · 1年

曾樂育
So大的日誌是一篇篇的心靈雞湯。謝謝你分享雙腳造訪、鏡頭的美麗人文風景
大心 · 回覆 · 1年　2

簡廷人
加油

1
讚 · 回覆 · 1年

王琇惠
繼續加油　2
讚 · 回覆 · 1年

　謝依珊
　王琇惠 等so大回來約打球😄
　讚 · 回覆 · 1年

黃張維
So大的環島日誌很療癒啊
讚 · 回覆 · 1年

Alex Lee
還是只能寫 加油🚶 加點澳摩油吧!潤滑膝蓋　1
讚 · 回覆 · 1年

許承宇
明天 幾乎沒有坡了。是蘇花最精華段 清水斷崖 太魯閣大橋 但會經過九個隧道 空氣不好請加速通過 到了新城 佳興檸檬冰店別錯過 還有船型教堂 很特別哦
大心 · 回覆 · 1年 · 已編輯　2

謝依珊
小心保暖，這幾天好冷!
讚 · 回覆 · 1年　2

Shawn Chen
明天就是1x天了 加油
讚 · 回覆 · 1年

蔣立琦
哇，走去花蓮啦!棒棒
讚 · 回覆 · 1年　1

楊秉聖
到花蓮了 加油 加油
讚 · 回覆 · 1年　1

Daniel Liou
加油💪 1
讚 · 回覆 · 1年

Lynn Chang
很多學長姐陪走，真是好人緣😍😍😍 1
讚 · 回覆 · 1年

林秋陽
加油💪*9 1
讚 · 回覆 · 52週

紀秉誠 
👍 1
讚 · 回覆 · 52週

Chia-Ling Lee
學長人緣真好，每天有人陪走陪吃，好幸福啊…… 1
大心 · 回覆 · 51週

Hank H. Su——和 **So Tzeng** · 在**宜蘭南澳**。 ···
2020年2月9日 · Nanao ·

幾年前看老闆徒步環島、近距離觀察這片土地與人民，埋下心中徒步環島想法，但始終沒能跨出舒適圈。

前幾天看到文和上路，很佩服他的勇氣與執行力！

今天起個大早來體驗其中一小段，以前曾經踩著單車經過的地方，今天用雙腿走。

蘇花改引流大部分的車輪，原來的蘇花公路少了很多車，走起來輕鬆多了。

A part of touring Taiwan on foot.

119

今天是蘇花公路行程的最後一天，蘇花改從南澳通到和平之後，再從和中通到大清水，因此今天的路程到大清水，車子會非常的少，只有大貨車。

以前蘇花改大家覺得危險是因為到大貨車多，路小，隧道長。現在車子分流，車少路就寬了，隧道的部份，照明也都做得很好，今天走的大部分的隧道，都有水溝蓋路沿，除了第一個和平隧道和大清水隧道部分的路段，走起來都是相當安全的。蘇花公路上的大貨車也都非常的友善，看到有人走在路邊，除非對向剛好有來車，不然都會往中線開，甚至跨過雙黃線把路邊的空間讓出來。

每一個隧道口的旁邊幾乎都會看到舊有的蘇花公路，不過可以通行的路段都不長，因為都崩塌掉了，所以才改建隧道通行。今天仍然有朋友陪走，嚕啦啦 19 期的意中帶著兒子翔立 坐火車到仁和車站和我會合，一直走到今天休息的地方新城，走了 21k 的路程，意中恐怕是走上癮了，下一個要出來環島的朋友可能是他。

這一趟蘇花公路的旅程可以順利完成，要特別感謝台大 EMBA 的學長許承宇，事 前提供了相當多的資訊和經驗，承宇學長本來要來陪走蘇花全程，因為我的狀況時間變動不定，真

的不好意思耽誤麻煩，請學長放心讓我一個人走。

蘇花公路真的很美，蘇花改之後，車子變得很少相對安全，有機會我應該會再來走。走過太魯閣大橋就到新城，今晚就在新城休息。

明天預計進到花蓮市區。

↑和平市區道路上的蘇花改慶祝典禮看板還留著。

↓因為蘇花改通車之後，台泥特別設置的休憩園區 DAKA 園區，在和平車站的旁邊不遠處。

↑DAKA 園區裡面的和平花
（太陽能板）。

↓和平車站以及旁邊的北迴
鐵路殉職員工紀念碑。

↑蘇花改的和中隧道，很少看到隧道
的長度標到公尺之後的小數點。

↓今天的第一個隧道：和平隧道。

123

↑ 和平隧道裡面沒有高起的路沿水溝蓋，所以走起來比較危險。

↓ 蘇花公路：壯麗的海岸線景色再度出現，相片右邊山壁與海水相接線觸處即是象鼻隧道，可以由和平隧道內連通道下到海邊後前往。

↑ 舊有的蘇花公路片段。

↓ 這是東華大學台灣東部地震研究中心設立的地殼穩定性研究 GPS 連續觀測站。

124

↖ 遠方是和仁車站。

↑ 和仁車站。

← 回首望向和仁車站，同期意中從
宜蘭坐火車到和仁車站下車跟我
會合。

↘ 同期意中與他的兒子翔立，我們
準備進入大魯閣國家公園範圍。

125

↑舊有的蘇花公路。

↓清水斷崖。

↑大清水隧道。

↓這段大清水隧道內與和平
隧道一樣沒有路沿。

↑崇德隧道的舊牌匾和新牌匾。

↓清水斷崖。

↑舊有的蘇花公路片段。

↓走過太魯閣大橋就到新城。

127

↑ 新城車站也就是太魯閣車站。

↓ 徒步環島 Day10 完成。

留言板

George Lee、龔楷元和其他363人　　41則留言

👍 讚　　💬 留言　　↗ 分享

江南慶
第一次單車環島時就領略蘇花之美
讚・回覆・1年　👍1

賴信翰
當然是要找最會環島的心理醫師 **王意中** 加入啦！
讚・回覆・1年　😆😆3

　王意中
　賴信翰 信翰我是四輪，文和是一步一腳印啊！

李永淞
預告一下明天的特別來賓…🖤
哈・回覆・1年　💗1

Chia-Ling Lee
透過學長的鏡頭認識台灣，感謝分享
讚・回覆・1年　👍1

Tifer Lai
So San day 10 加油 🦵 👍1
讚・回覆・翻譯年糕・1年

Jo Tu
😮244K+28K=272K,有即將提前突破300K的跡象😆 加油
🦵加油🦵加油🦵
讚・回覆・1年・已編輯　　👍1

謝依璟
開始羨慕你的人生之旅
大心・回覆・1年　👍1

江江
路上車子真的變好少…每一張照片都好漂亮！
讚・回覆・1年　😍1

潘瑞根
So Tzeng
哇哇哇……
美麗的蘇花公路海岸線，漫步享受靈是幸福美好。
文和兄徒步環島夢想熱血沸騰。

大心・回覆・1年　👍1

Mini Joe
恭喜蘇花公路順利完走！
讚・回覆・1年　👍1

Laker Lee
還在北海道洞爺湖，雖然來不及陪走，但沿路綠燈都會為
你開啟，為你順暢每一個路口！
讚・回覆・1年　👍1

雷宗憲
👍
讚・回覆・1年　👍1

吳建德
又完成一段不可能的任務，港期勇士，加油喔！
讚・回覆・1年　👍1

賴文森
學長・加油 🦵 👍1
讚・回覆・1年

張雅雯
佩服 👍1
讚・回覆・1年

王意中
徒步立霧溪上的太魯閣大橋

0:01 / 0:13

吳政憲
學長加油、加油！
讚・回覆・1年　👍1

王意中
文和，走路真的很令人過癮啊！我只能一小段一小段乾過
癮喲。
哈・回覆・1年　😍😆2

高玉瑛
恭喜邁入第10天
讚・回覆・1年　👍1

Lynn Chang
每天都期待學長的分享，超讚💜💜💜
讚・回覆・1年　👍1

蔣立琦
天天期待新景點📷加油
讚・回覆・1年　👍1

劉仲俊
平安過蘇花，讚
讚・回覆・1年

區莉玲

讚・回覆・52週

陳賜郎
同學 加油
讚・回覆・52週

石志鴻
So大，加油
讚・回覆・52週

Jennifer Lien
好快，10天。加油
讚・回覆・52週

許承宇
明日行程約20K很短 有充裕的時間 若只沿台9走相當無趣 只是累積公里數 建議走另一條 實際上沒有比較遠 但保證車超少 走花5進入秀林鄉市區 太魯閣族部落人文風情值得一遊 秀林國小整個被公路圍抱起來呈橢圓狀 再往南走到美麗原始的三棧溪 夏天有很多人在此戲水消暑 穿過台9再進入縣道193 沿海岸線走到七星潭 還有花蓮空軍基地一不小心就會看到F-16起降 再往南走花蓮港還有一條幾無起伏的林蔭單車道,原來那是早期的火車的舊軌道改建,一路連到東大門夜市,這也是花蓮火車站的舊址 附近有約20M制高點"松園別館"視野極佳 房舍靜幽古木參天 這是日據時期東部最高指揮所 雖為縣定古蹟但遊客不多 漫步其中彷彿有置身世外桃源之錯覺
讚・回覆・52週

So Tzeng
許承宇 感謝學長資訊.
讚・回覆・52週

Randy Hung
看了So大的分享,好想再去騎一趟蘇花
讚・回覆・52週

林俊傑
加油
讚・回覆・52週

黃于珊
學長,加油!
讚・回覆・52週

鄧淑君
平安 加油喔
讚・回覆・52週

Alex Lee
加油 ! 我之前幫你擔心的蘇花公路總算順利完成了。還好有蘇花改 分車流！順利的啊！？
讚・回覆・52週

黃張維
加油加油
讚・回覆・52週

林秋陽
加油 *10
讚・回覆・52週

紀秉誠

讚・回覆・52週

Angela Chou
so大學長，加油~~
讚・回覆・52週

Shawn Chen
所以未來會開團蘇花縱走了 學長加油
讚・回覆・52週

So Tzeng
Shawn Chen 可能喔！
讚・回覆・52週

謝世隆
你可以試試看划獨木舟從海上看清水斷崖
讚・回覆・51週

王意中
2020年2月10日・
···

昨晚（已是午夜12點多）臨睡前，問了原本上午要補習的翔立歡巴，要不要和我一起、陪正在徒步環島、我的囑咐啦同期 So Tzeng 文和，走一段蘇花公路（清水斷崖）。補習就由爸爸代為講假，因為良好行為，這一段的陪走，對正值青春期的少男來說，對於日後回憶起來，可是意義深遠，印象深刻啊！（單單看著文和走在路上的背影，就多令人悸動啊！）孩子一聽之後，可以感受到他的心正在翻攪著，在一番補習與徒步靜坐之間的拉扯之後（哈！可以感受到後者的種種勝出），在睡前就應允了。

父子倆個人，在未事先知會文和的情況下，搭乘了七點多的區間車，從宜蘭抵達和仁。算了算、文和習慣性的七點半出發，心想，應該可以在路上，遇到從和平出發的他。

父子倆，先徒步北上，越過位在和仁溪上的卡南橋，來到蘇花改與舊蘇花公路交會、63.9附近的一塊空地，引頸企盼著文和的到來。（話說，親眼看著文和從遠遠的盡頭步來時，那畫面，真的是感動、熱血又青春啊！）

感謝徒步環島的文和，讓我們父子倆，有緣一起陪走過一段和仁至新城車站這路段，特別是能夠徒步走在蘇花公路清水斷崖段，真的是令人難忘的啊！再次，感謝這份徒步的美好。

+76

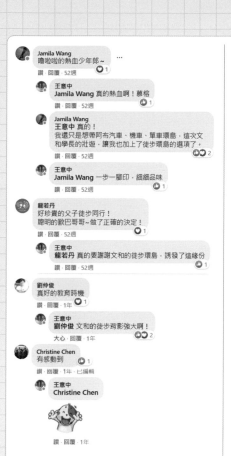

Jamila Wang
嘿啦啦的熱血少年郎～　⋯
讚・回覆・52週　♥ 1

　　王意中
　　Jamila Wang 真的熱血啊！蔡榕
　　讚・回覆・52週　♥ 1

　　Jamila Wang
　　王意中 真的！
　　我還只是想帶阿布汽車、機車、單車環島，這次文
　　和學長的壯遊，讓我也加上了徒步環島的選項了。
　　讚・回覆・52週　♥♥ 2

　　王意中
　　Jamila Wang 一步一腳印，細細品味
　　讚・回覆・52週　♥ 1

龍若丹
好珍貴的父子徒步同行！
聰明的歐巴哥哥～做了正確的決定！
讚・回覆・52週　♥ 1

　　王意中
　　龍若丹 真的要謝謝文和的徒步環島，誘發了這緣份
　　讚・回覆・52週　♥ 1

劉仲俊
真好的教育時機
讚・回覆・1年　♥ 1

　　王意中
　　劉仲俊 文和的徒步背影強大啊！
　　大心・回覆・1年　♥♥ 2

Christine Chen
有感動到　♥ 1
讚・回覆・1年・已編輯

　　王意中
　　Christine Chen

　　讚・回覆・1年

131

新城－七星潭－吉安慶修院 28km

　　昨天昨晚蘇花公路到新城住宿的地方時，覺得真的有點累了！可能是因為完成了蘇花公路，心裡緊繃的心情鬆懈了下來，衣服也沒洗就睡了！

　　還好今天一早醒來的時候，覺得身體的狀況還不錯，享用完飯店準備的精緻早餐，出發向秀林國小前進。今天一早有位陪走的朋友－黃郁能（Happy），把老婆丟在布洛灣拍照之後就到秀林國小來跟我會合。朋友本來只打算跟我走一小段體驗，越走越有興致，索性陪我一路走到七星潭。我從秀林國小離開後走台九線接193縣道，193縣道是有名的自行車路線，今天是星期二，路上沒有什麼車，沒有太陽的天氣，走起來非常的舒服愜意，朋友可能走得很興奮步伐比較快，一直都走在我的前面，我則是依照自己原有的步伐速度前進。

　　到了七星潭後，一位花蓮在地的朋友－黃佩茹，是以前我在做醫療耗材敷料的配合廠商，Rebecca Huang知道我在環島，特地來盡地主之誼，算好時間在七星潭停車場等我，準備請我去吃午餐，就這樣陪走換陪吃的，吃完午餐後，再去吃花蓮有名的一中豆花，之後回到七星潭停車場，這時另外一組下午要陪走的朋友，已經抵達七星潭停車場接手。一整天就在陪走陪吃陪走渡過。

　　下午陪走的這一組朋友是 35 年前在傷殘重建協會當義工時就認識的朋友，35 年前的緣份今天在花蓮延續，真的是老天爺給的恩典，晚上住宿的地點也在這位朋友家裡 - 林千里。今天下午原本打算走到七星潭之後就到晚上住宿朋友的家裡休息，不過到七星潭後覺得身體狀況不錯，朋友的太太和小孩也有興趣走一段，就決定從七星潭在走到吉安的慶修院結束今天的行程，今天從七星潭出發之後，朋友建議繞到四八高地走一個戰備地道，這是一個新的私房景點，下次來花蓮的朋友，記得來繞繞。

　　一整天接受朋友的加油打氣，請吃飯招待住宿，我只能感謝天，感謝地，感謝大家！

　　明天預計從吉安慶修院出發到鳳林。

↑ 新城的飯店準備的豐盛早餐。

↘ 依照許承宇學長建議走花 5 到秀林國小，鄉間小路的景色迷人。

↘ 花蓮縣秀林鄉。

135

↑特地從台北下來陪走的 Happy。與黃郁能。

↓193 縣道的美麗風景。

→特地來請我吃中飯的花蓮 朋友 -Rebecca Huang。

↖ 七星潭附近的特色店家。

↑ 到七星潭海岸了！

← 四八高地戰備坑道路口。

↖ 四八高地戰備坑道內的景色。

↑ 四八高地戰備坑道內的機槍室。

← 四八高地戰備坑道外的景色。

138

↖ 花蓮空軍基地。

↑ 今天 F16 的起降次數很頻繁。

← 路過花蓮慈濟醫院。

↓ 花蓮慈濟靜思堂。

139

↑慈濟大學。

↓吉安慶修院。下午一起陪
　走的朋友家人：林千里與
　林湘芹和 Shu-Ching Lee。

↑到吉安鄉了。

↓今晚朋友招待晚餐的餐廳。

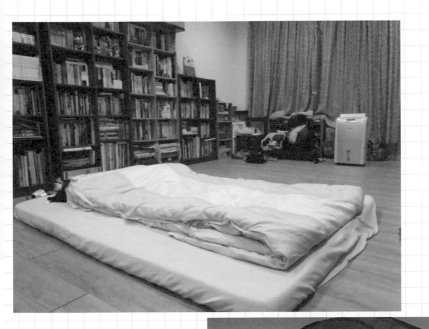

↑今晚住的朋友家裡。

→徒步環島 Day11 完成。

徒步環島紀錄
是旅行！不是苦什！

f 留言板

👍❤😆 George Lee、龔楷元和其他398人　　　56則留言

👍 讚　　💬 留言　　↗ 分享

李永淞
今年的新口號
陪走換陪吃
大家一起來…...... 查看更多
...
讚 · 回覆 · 1年 · 已編輯　💬3

林俊傑
加油　👍1
讚 · 回覆 · 1年

伊比牙
辛苦了，真的很佩服你的精神　👍1
讚 · 回覆

Mini Joe
恭喜順利完成第十一天的徒步路程！　👍1
讚 · 回覆 · 1年

Gene Wu

👍1

吳建德

GOOD

👍1

讚 · 回覆 · 52週

王琇惠
加油 加油　👍1
讚 · 回覆 · 52週

黃于珊
學長，加油！　💬👍1
讚 · 回覆 · 52週

張力文
Go! Go! Go!　👍1
讚 · 回覆 · 翻譯年糕 · 52週

高玉瑛
種下善因就回好果　👍1
大心 · 回覆 · 52週

賴文森
今天比較晚PO喔！現在好像在追連續劇，每天都期待今天的劇情啊！
學長，加油　💬
讚 · 回覆 · 52週　👍😆4

雷宗憲

👋

讚 · 回覆 · 52週

Shawn Chen
第11集上映 go　👍😆2
讚 · 回覆 · 52週

Peng Jianhuai
歡迎來到鳳林～😊😊😊
讚 · 回覆 · 52週　😊2

　獵狗
　Peng Jianhuai 明天到花蓮金城武的地盤了！
　讚 · 回覆 · 52週　👍😆2

　Peng Jianhuai
　喝個三天三夜再走　😆😆😆
　哈 · 回覆 · 51週　😆4

劉仲俊
從台北走到花蓮，光想就很累了，佩服，加油
讚 · 回覆 · 52週　👍1

Tifer Lai
So San day 11 加油　💬👍1
讚 · 回覆 · 翻譯年糕 · 52週

洪文怡
哇噻，瘦大真是交友滿天下，陪走換陪吃　😆
哈 · 回覆 · 52週

Jennifer Lien
怎麼路上都沒人？
讚 · 回覆 · 52週　👍1

　So Tzeng
　Jennifer Lien 平日吧！
　讚 · 回覆 · 51週

Kaoru Chiu
每天都很期待續集，看完腳會癢，想要再來挑戰1次騎車環島
讚 · 回覆 · 52週　👍1

　So Tzeng
　Kaoru Chiu 一姐不要想，就來騎吧！
　讚 · 回覆 · 51週

陳柏芬
好棒棒！我還想聽故事！
讚 · 回覆 · 52週　👍1

Athena Tsai
好厲害，朋友也好多喔～
感覺我去走應該沒朋友 呵
哈 · 回覆 · 52週　👍1

Janines Liu
人帥真好　👍1
讚 · 回覆 · 52週 · 已編輯

Kurby Kuan
是Happy陪走嗎？哇！
讚 · 回覆 · 52週　👍1

　So Tzeng
　Kurby Kuan 對喔！
　讚 · 回覆 · 51週

Jo Tu
🔥今天正式邁入300K大關👣👣👣👣👣So San 加油💪加油💪加油💪越看越熱血了
讚 · 回覆 · 51週　👍1

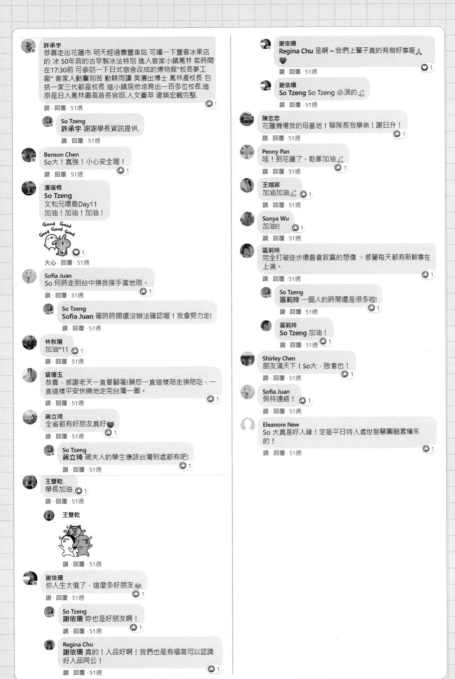

許承宇
恭喜走出花蓮市 明天經過壽豐車站 可嚐一下豐春冰果店的 冰 50年前的古早製冰法特別 進入客家小鎮鳳林 若時間在17:30前 可參訪一下日式宿舍改成的博物館"校長夢工廠" 客家人勤奮刻苦 勤耕雨讀 美濃出博士 鳳林產校長 包括一家三代都是校長 這小鎮居然培育出一百多位校長.這原是日人鳳林最高首長官邸.人文薈萃 建築宏觀完整.
讚 · 回覆 · 51週

> **So Tzeng** 許承宇 謝謝學長資訊提供.

Benson Chen
So大！真強！小心安全喔！
讚 · 回覆 · 51週

潘瑞根
So Tzeng
文和兄環島Day11
加油！加油！加油！
Good Good Good Good
大心 · 回覆 · 51週

Sofia Juan
So 何時走到台中換我接手當地陪，
讚 · 回覆 · 51週

> **So Tzeng** Sofia Juan 確時時間還沒辦法確認喔！我會努力走！

林秋陽
加油*11
讚 · 回覆 · 51週

留淳玉
恭喜,感謝老天一直眷顧著!願您一直這樣陪走換吃,一直這樣平安快樂地走完台灣一圈.
讚 · 回覆 · 51週

蔣立琦
全省都有好朋友真好
讚 · 回覆 · 51週

> **So Tzeng** 蔣立琦 蔣夫人的學生應該台灣到處都有吧!

王雙乾
學長加油
讚 · 回覆 · 51週

> **王雙乾**

讚 · 回覆 · 51週

謝依珊
你人生太值了，這麼多好朋友
讚 · 回覆 · 51週

> **So Tzeng** 謝依珊 妳也是好朋友啊！
> 讚 · 回覆 · 51週

> **Regina Chu** 謝依珊 真的！人品好啊！我們也是有福氣可以認識好人品阿公！
> 讚 · 回覆 · 51週

謝依珊
Regina Chu 是啊～我們上輩子真的有做好事喔
讚 · 回覆 · 51週

> **謝依珊** So Tzeng So Tzeng 必須的
> 讚 · 回覆 · 51週

陳志忠
花蓮機場我的母基地！聯隊長我學弟！謝日升！
讚 · 回覆 · 51週

Penny Pan
哇！到花蓮了，乾爹加油
讚 · 回覆 · 51週

王翊菲
加油加油
讚 · 回覆 · 51週

Sonya Wu
加油!!
讚 · 回覆 · 51週

區莉玲
完全打破徒步環島會寂寞的想像。感覺每天都有新鮮事在上演。
讚 · 回覆 · 51週

> **So Tzeng** 區莉玲 一個人的時間還是很多啦!
> 讚 · 回覆 · 51週

> **區莉玲** So Tzeng 加油！
> 讚 · 回覆 · 51週

Shirley Chen
朋友滿天下！So大，強者也！
讚 · 回覆 · 51週

Sofia Juan
保持連絡！
讚 · 回覆 · 51週

Eleanore New
So 大真是好人緣！定是平日待人處世智慧圓融累積來的！
讚 · 回覆 · 51週

今天 8 點鐘準時從吉安慶修院出發，早上的路程有兩位昨天下午陪走的朋友繼續陪走，沒多久朋友的小女兒也加入了陪走的行列，這幾天陪走的年紀範圍從 6 歲到 61 歲，這範圍還真大，走路真是老少咸宜的活動。

走著走著，突然有一位女士，蹲在一輛車子的後面拍照，我一直沒有反應過來，只想著這位女士到底在拍什麼東西？原來是 24 期的佩凰跟 23 期的連春一起來探班陪走。還帶了新鮮的草莓，這時候走在台 9 線路上就有 5 位了，我想旁邊看的路人應該覺得奇怪，是不是什麼花蓮流浪記的連續劇在開拍？

今天走的台 9 線幾乎都有自行車道，因此走起來安全舒適，天氣非常的好，一早走時雖然有太陽，但溫度不高走起來非常的舒服，不過走到接近中午的時候，氣溫應該有 26 -7 度，感覺非常的熱，我的綠色的小雨傘，這時候就又派上用場，可以想像如果是夏天進行徒步環島，高溫底下的步行，應該很快就受不了。

壽豐有名的豐春冰店 4 月份才開始營業，因此沒能吃到冰。上午陪走的朋友結束陪走，花蓮在地的土瓶（23 期建淮）也加入陪走的行列，下午花蓮的天氣 因為雲層變厚，所以陽光不

露臉，沒有了太陽光照射，路程走起來就更加的舒適，一隊 4 個嚕啦啦，邊走邊聊，充滿笑聲一路走到鳳林車站：今天的目的地。

　　晚上花蓮的嚕啦啦特別設宴款待我，感謝今天白天陪走的佩凰，連春，建淮，加上 10 期明輝學長，12 期筱玥學姐，真的是嚕啦啦滿台灣。

　　明天繼續走台 9 線到瑞穗。

↑一早從慶修院出發的成員 - 林湘芹，Shu-Ching Lee。

↑ 美麗的台 9 線配上藍天白雲。

↗ 歌柳灣部落的美麗壁畫。

↓ 從木瓜溪橋往遠方山上看，可以看到奇萊連峰 - 南華山，奇萊南峰，奇萊主
　峰 奇萊北峰。

147

↑ 奔馳在花蓮中的太魯閣號。

↓ 路邊展示的花蓮特色大理石。

↑ 樹上落下的花被排成一直列。

↓ 花東縱谷上的自強號。

↑Mr.Sun 童話世界造型咖啡館。

↓嚕啦啦嚕 23 建淮，連春，嚕
　24 佩凰在豐平大橋接隊。

↑這時候雨傘就變陽傘了。

↓林榮新光車站。

↑林榮新光車站：透明站體。

↘台 9 線上舒適的自行車道。

↘ 台九線上還存在的蜜蜂教育館。

↑ 聽說這個公園是以前花蓮人的共同記憶。

↗ 路邊的諾麗果樹。

↓ 鳳林車站前的韭菜泡菜豆腐，太晚到了已經賣完。

↖ 鳳林車站。

↑ 鳳林有名的阿華田抽糖果店。

← 今天直升機盤旋的頻率很高。

↓ 抽糖果店攤架上滿滿的兒時回憶。

152

↑謝謝花蓮嚕啦啦 - 嚕 10 明輝學長，嚕 12 筱月學姊，嚕 23 建淮，連春，嚕 24 佩凰。

←徒步環島Day12完成。

153

f 留言板

George Lee、龔楷元和其他425人　　　　57則留言

👍 讚　　　💬 留言　　　↗ 分享

陳素蓉
加油！讚！一路平安！💗💗💗🙏🙏 👍1　...
讚 · 回覆 · 1年

李達暉
一路最美風景～加油👍
讚 · 回覆 · 1年　👍1

李永淞
好山好水好人情
讚 · 回覆 · 1年　👍1

Lee Leu
好快的腳程!! 👍1
讚 · 回覆 · 1年

Wei Wei Hsu
好山好水好人情好人緣
讚 · 回覆 · 1年　👍1

鄧淑君
細看花蓮美麗風景，還有美少女相伴，真好💕加油🙏
讚 · 回覆 · 51週　👍1

賴文森
今天的臨時演員陣容真龐大，讓劇情更加精彩
學長。加油👍
讚 · 回覆 · 51週　👍1

林秋陽
加油👍*12 👍1
讚 · 回覆 · 51週

龍若丹
進入花蓮這一段，除了可以好好欣賞美景，還能享受嚕家人超級熱情的招待囉!!
有毅力的文和人～加油！加油！加油！
讚 · 回覆 · 51週　👍2

卓上英
花蓮到了 👍1
讚 · 回覆 · 51週

林俊傑
加油 👍1
讚 · 回覆 · 51週

Jennifer Lien
今天很有趣！ 👍1
讚 · 回覆 · 51週

陳賜郎
12天從內湖走到鳳林，真的不簡單。同學 加油👍
讚 · 回覆 · 51週　👍1

謝依璟
謝謝你帶大家看到台灣之美！ 👍1
讚 · 回覆 · 51週

黃于珊
學長，加油哦！👍
讚 · 回覆 · 51週　👍1

羅紹庭
🐸 👍1
讚 · 回覆 · 51週

許承宇
台9省道在很多鎮上都有外環道，看地圖建議走舊市區.那是原來的省道.比較熱鬧車道較少.更重要的是距離短.明日路線沒的選.縣道193要多8K呢.滿妹豬腳經過時應該還沒開業.林田山園區離主線太遠.光復糖廠肯定要吃一下冰吧!旁邊日式房舍接建好幾排.看到牛車別太驚訝.瑞穗晚餐強烈建議到竹村日式料理.每一樣都美味.結帳時會感覺懷疑是半價優惠哩
讚 · 回覆 · 51週　👍3

　洪文怡
　許承宇 開始懷疑你閉著眼睛也可以環島 🙄
　哈 · 回覆 · 51週　👍1

　So Tzeng
　許承宇 謝謝學長的資訊提供.
　讚 · 回覆 · 51週

Sofia Juan
看你的好人緣！
讚 · 回覆 · 51週　👍1

Teshnu Chang
看到 " 花蓮流浪記 " 連續劇開拍，就馬上笑噴了！請繼續加油，您真是好人緣！
讚 · 回覆 · 51週　👍1

Janines Liu
好多人陪捏💕 👍1
讚 · 回覆 · 51週

　So Tzeng
　Janines Liu 妳都沒有來陪捏.
　讚 · 回覆 · 51週

　Janines Liu
　So Tzeng 我…我…怕誤了您的進度😌😌😊
　讚 · 回覆 · 51週

童建勳
太棒了👍，花蓮親友真的很多耶 👍1
讚 · 回覆 · 51週

潘瑞根
So Tzeng
環島苦行Day12
文和兄加油！
🤠 👍1
讚 · 回覆 · 51週

　So Tzeng
　潘瑞根 謝謝潘老師持續關注.
　讚 · 回覆 · 51週

Mars Hsieh
嚕勢力龐大，用兩腳親近台灣，處處有嚕情！
讚 · 回覆 · 51週　👍3

Regina Chu
人品好👍👍
讚 · 回覆 · 51週

Shawn Chen
今天風景好美 花東果然景色秀麗 加油
讚 · 回覆 · 51週

Elun Ning
學長，你變成台版阿甘了，大家都追著你走起來。
讚 · 回覆 · 51週

> **So Tzeng** Elun Ning 鴨梨很大...
> 讚 · 回覆 · 51週

Penny Pan
乾爹果然好人緣，人氣高！一路上都有人陪，看來接風洗塵宴得早點安排搶先，不然不知要等到何年何月何日
讚 · 回覆 · 51週

> **So Tzeng** Penny Pan 沒有人要接風洗塵啦！
> 讚 · 回覆 · 51週

蔣立琦
哇，之前騎過腳踏車的花東美景盡收眼底👍👍
讚 · 回覆 · 51週

吳建德
用心體會台灣之美，港期A勇士，你最棒啦！
讚 · 回覆 · 51週

> **So Tzeng** 吳建德 我在等你來喔！
> 讚 · 回覆 · 51週

> **吳建德** So Tzeng 我算一下你的時間，儘可能配合走一段。
> 讚 · 回覆 · 51週

黃建源
愈搞愈大，愈來愈多人追隨，這下子不走完對不起廣大粉絲
哇 · 回覆 · 51週

> **So Tzeng** 黃建源 學長，你要不要來換手一下？
> 讚 · 回覆 · 51週

> **黃建源** So Tzeng 我等桃竹苗啊，hold 住
> 讚 · 回覆 · 51週

Tifer Lai
So San day 12 加油👊
讚 · 回覆 · 翻譯年糕 · 51週

Alex Chou
讚 · 回覆 · 51週

Jason Cheng
提醒您今天下午開始會變天，可能會有雷雨，會維持到明天一整天，星期日開始寒流籠罩至少為期三天，請小心
讚 · 回覆 · 51週

> **So Tzeng** Jason Cheng 謝謝學長資訊!
> 讚 · 回覆 · 51週

Arthur Chen
這幾天天氣都非常棒好好的enjoy
讚 · 回覆 · 51週

> **So Tzeng** Arthur Chen 謝謝Arthur.
> 讚 · 回覆 · 51週

Lynn Chang
我覺得So學長是環島開同學會😂😂
哈 · 回覆 · 51週

> **So Tzeng** Lynn Chang 已經開完了...
> 讚 · 回覆 · 51週

王麗云
真好👋👋一路上都有人陪伴不孤獨😄
讚 · 回覆 · 51週

蔡青芬
好溫暖的旅程，真好😊
讚 · 回覆 · 51週

王圓
加油！加油! 超強毅力!
讚 · 回覆 · 51週

江培甄
好棒好棒
讚 · 回覆 · 51週

黃張維
加油加油💪💪
讚 · 回覆 · 51週

Ryan Ko
老大
您越走越瘦耶......
哈 · 回覆 · 51週

Alex Lee
風和日麗‼ 讚👍啦！
讚 · 回覆 · 51週

Samantha Tu
愈來愈像媽祖繞境😄😄
讚 · 回覆 · 51週

鳳林－瑞穗 32km

今天早上 24 期佩凰把我從住宿的地方送到昨天結束的地點鳳林車站，繼續開始今天的路程。

鳳林是世界認證的慢活城市，因此路上有許多的蝸牛圖騰，昨天進到鳳林市區的時候發現有很多店賣牛肉麵，心想鳳林有出產牛肉？23 期土瓶問說：這個是什麼牛，你們知道嗎？是蝸牛！！！

今天還是沿著台 9 線出鳳林市區，繼續走自行車專用道。今天這段自行車道比昨天的還美麗，車道上很多落葉，看來自行車也很少騎經過。要接近光復時，太陽開始大了起來，順勢就進了花蓮糖廠吃個冰棒休息一下，花蓮糖廠的旅館幾年前騎單車來花蓮時曾經住過一次，日式的木頭建築確實很有氣氛。

今天沒有人陪走，但是碰到了三位徒步環島的朋友，第一位朋友看來是個社會新鮮人（以我的年紀來對比），從苗栗出發向南走，今天也是 13 天，我很好奇他的速度為什麼這麼快？原來他沿路搭順風車⋯⋯這也算徒步環島？另外有一個女孩子今天剛剛從瑞穗出發，先前走路走到脫水，回去休養之後再出來。第三位小男生算是比較正常，從彰化出發到墾丁上來，今天第 16 天，聊了一下，原來他今年大學要畢業，打算在上研究

所之前走完這一趟環島旅程，比我兒子小 1 歲，跟他交流完蘇花公路的經驗之後，我們繼續各自努力。

中午過後下了幾滴雨，就一直維持陰天，要不然就是太陽躲在雲層裡，真的謝謝老天爺給我這麼多天的好天氣。

為了不違反勞基法，明天讓雙腳休息 1 天，就在瑞穗放空。

後天出門，從瑞穗到玉里。

↑一早回到鳳林車站，天氣非常之好。

↑ 來鳳林車站送隊的 Lu23 土瓶
　（建淮），連春和 Lu24 佩凰。

↓ 萬榮車站前的義民廟。

↑ 鳳林慢活城市的代表標誌
　蝸牛。

↓ 萬榮有名的滿妹婆婆豬腳，
　可惜太早路過還沒有開門。

159

↖ 萬榮車站。

↑ 非常漂亮的自行車專用道。

← 馬太鞍溪橋上看中央山脈。

↓ 路邊民宅有趣的木工作品。

160

↑慶祝鼠年的路邊藝術稻草。

↓光復車站。

→花蓮糖廠。

161

↑ 台糖在花蓮糖廠內的日式木造旅館。

↓ 路邊在曬蘿蔔乾，就知道雖然是二月天，但中午的太陽有多大。

↘ 今天最曬的路段，離開花蓮糖廠不遠的地方。

↑台9線旁邊的鐵道，不時可以看見火車疾駛而過。

↓大農大富物景觀區路入口。

→中午吃午餐的社區門口，造型非常有意思。

163

↑ 進到瑞穗之後就有很多鳳梨的作物。

↗ 今天碰到第一位環島的先生，忘了留下他大名。

↓ 今天碰到的第二位環島女士，她帶的東西好多。

↑今天碰到的第三位環
島小男生 - 馬旭慶，
32 天走完大圈（我 38
天）。剛剛成大畢業。

→Day 13 完成。明天休
息 1 天喔。

留言板

李永淞
休息是為了走更長的台灣路 😊　⋯
👍 1
讚・回覆・1年

王意中
每晚都迫不及待等看你的旅程（哈！不時刷你的塗鴉牆）

👍 2
讚・回覆・1年

　Lee Leu
　王意中 意中認識董欣靜嗎？北商19嘞一半
　👍 1
　讚・回覆・1年

　王意中
　Lee Leu 欣靜，認識啊！商文科之唷
　讚・回覆・1年

陳賜郎
文和，這樣台灣走｜圈後，您評估看看哪一個城區最適合退休養老來居住？靠您了！
👍💬 2
讚・回覆・51週

Jennifer Lien
蝸牛肉麵？ 👍 1
讚・回覆・51週

　So Tzeng
　Jennifer Lien 嘿啊！
　👍 1
　讚・回覆・51週

林俊傑
加油 👍 1
讚・回覆・51週

許承宇
設立單車道立意良善 但設計者多不是騎士.很多地方不是使用者考量.車道多落葉與雜物 起伏和突出物常是莫名其妙出現 騎乘其中速度較慢不說還更危險 騎士避之唯恐不及 它就擺在那裏當秀政續 單車道單車騎士不騎 荒謬又諷刺
讚・回覆・51週・已編輯
👍 4

Tifer Lai
So San day 13 加油 👍 1
讚・回覆・翻譯年糕・51週

古源淦
So Tzeng 大後天建議可走玉富自行車道
帶過學生騎腳踏車
舒服的一段
https://www.erv-nsa.gov.tw/zh-tw/attractions/detail/196

> ⓘ
> ERV-NSA.GOV.TW
> 玉富自行車道

讚・回覆・51週
👍 3

蔡青芬
今天的照片都好漂亮喔😊
讚・回覆・51週

賴文森
狀況不錯喔！還會講冷笑話！什麼時候帶我去品嚐蝸牛牛🐂肉麵？
學長，加油 💪
哈・回覆・51週
😆 2

獵狗
鳳信姨媽家？ 💬 2
讚・回覆・51週

　Peng Jianhuai
　獵狗 如果去鳳信姨媽家的話，隔天徒步環島會變馬拉松環島...跑起來！😄😄
　讚・回覆・51週

林秋陽
加油 👍*13 👍 1
讚・回覆・51週

Ray Yao
加油 👍 1
讚・回覆・51週

李達暉
👏👏👏 👍 1
讚・回覆・51週

蔣立琦
天空好美！天氣真好！！繼續努力 💪
👍 1
讚・回覆・51週

賴信翰
好舒服的所在 👍 1
讚・回覆・51週

Jo Tu
哇362km從西部走已經台北到高雄了，持續為你加油 💪
加油 💪加油 💪，明天好好休息找個地方按摩一下吧
👍 1
讚・回覆・51週

曾慶和
1/4了 加油 👍 1　⋯
讚・回覆・51週

黃于璠
學長，加油！
好好休息！💪
👍 1
讚・回覆・51週

Teshnu Chang
每次看完您每一天的紀錄，都覺得好羨慕！好有勇氣；離開您原來的舒適圈和本來的步調，要為您繼續打氣，加油喔！
大心・回覆・51週
❤ 1

Wen Lily
太厲害了，已經走1/3了，不簡單
👍 1
讚・回覆・51週

Mini Joe
辛苦6天，明天可以好好休息了！
👍 1
讚・回覆・51週

簡鈺人

👍 1

讚 · 回覆 · 51週

Sofia Juan
看到你拍的花蓮也好想去看看！

讚 · 回覆 · 51週

Rebecca Huang
Sofia Juan 快來玩！

讚 · 回覆 · 51週

許承宇
明天跨過紅葉溪 就是一路上坡 爬上舞鶴台地.別忘了在路邊掃叭石柱和北回歸線標誌留影.以前為了閃避這個坡,會繞道193.並沒有比較遠.玉里的橋頭臭豆腐和阿蓮麵店玉里麵可別錯過了,明天還是不穩,雨機率30% 注意保暖和雨具別著涼了

👍 2

讚 · 回覆 · 51週

Arthur Lai
萍水相達，靈是他鄉之客。

👍 1

讚 · 回覆 · 51週

Silvia Wu
哈哈哈哈 不違反勞基法 😄 請您整個人都要好好休息放鬆喔 🍃

👍 1

哈 · 回覆 · 51週

魏學忠
加油 休息再出發

👍 1

讚 · 回覆 · 51週

Alex Lee
原來你有幫你的雙腳保勞保啊！適用 勞基法！加油 🍃 go go go！

👍 1

讚 · 回覆 · 51週

吳建德
適當的休息，是為了走更遠的路，加油哦！

👍 2

讚 · 回覆 · 51週

謝依璟
這趟行程天天有美好的事發生～ 😊

👍 1

讚 · 回覆 · 51週

Vivien Chien
太強

👍 1

讚 · 回覆 · 51週

紀秉誠

MEDIA1.TENOR.CO
media1.tenor.co

ℹ

👍 1

讚 · 回覆 · 51週

卓上英
寒流來，請學長注意防風，保暖.........

👍 1

讚 · 回覆 · 51週

留言......

　　這 2 天瑞穗的民宿很特別：瑞穗黑皮森林，完全自助，老闆白天另外有工作，所以客人到了也不一定能夠馬上進的去，昨天的下午我還充當民宿的服務生，接待了兩位澳洲來台灣騎自行車的客人，老闆為了感謝我當服務生還說請我吃晚餐，民宿老闆還幫住客準備電動摩托車，真是非常貼心，大家如果有到瑞穗來玩，很推薦這間民宿。

　　休息了一整天再出發，覺得能量滿滿。今天經過舞鶴的時候特別走上去舞鶴的自行車道，上去舞鶴台地，看看有名的舞鶴茶，蜜香紅茶的產地，舞鶴這段台 9 線上有很多觀光茶園，但是目前客人不多，可以想見當年的風光。在北迴歸線標誌公園喝了一罐冷泡紅茶，頓時全身的暑氣全消，賣茶的老闆提到很多日本女生喜歡到台灣來徒步環島，為什麼我都沒有遇到？不過路上我是有遇到一群採茶姑娘，在炎艷的陽光下，這群採茶姑娘們旁邊放著一剪梅的音樂，是不是很有畫面？我有拍下來啦！

　　在三民短暫休息時，看到三民國中的小朋友還在辛苦的練棒球，雜貨店的老闆告訴我，台 9 線上截彎取直的新太平溪橋才剛剛通車，我可以少走一點路，走到橋頭時發現竣工的日期牌是今年 3 月，真的是很幸運。

今天的路程不是很長，到了玉里時間還早，花蓮朋友介紹玉里有一個日據時期的神社－玉里神社，以前來了幾次玉里都不知道，第一次聽說就騎著民宿老闆提供的單車去繞繞．神社已經坍塌只剩下一堆石頭不過兩個鳥居都還保存著。繞完神社當然要來去嚐嚐玉里有名的橋頭臭豆腐，到的時候號碼牌已經抽到 142 號還要等 45 個，千里迢迢走到這邊當然要給他等下去。

明天預計走有名的玉富自行車道接台 9 到池上。

↖ 重新改建後的瑞穗車站。

↑ 民宿裡面有很多可愛的玩偶。

← 台9線旁邊整排的大樹 把一
　早的太陽遮起來。

↓ 綠色的舞鶴鐵橋。

171

↖ 從舞鶴環村自行車道走上去舞
　鶴台地。

↑ 舞鶴台地上面的茶園。

← 台 9 線上北迴歸線標誌公園。

↓ 舞鶴的代表裝置藝術。

舞鶴原名為馬於文（Maifor 阿美族語）
為物品交換之所，日人取其相近音為
日語「舞鶴」（まいづる）（Maizuru）

↖ 舞鶴歷史公園有解說日本時代時就
開始茶葉的出口歷史。

← 花蓮三民國中的棒球隊正在練習。

↙ 路旁的水稻已經完成插秧。

↓ 整理好還沒插秧的稻田：天光雲影
共徘徊。杜建興學長。這句是朱熹
〈觀書有感〉詩的其中一句啦，我
借花獻佛。

173

↑ 台九線沿路的稻田山景。

← 台9線剛剛完工的太平橋。

↙ 路邊的水田正在插秧。

↓ 要到玉里了。

174

↖ 玉里市區內有特色的下午茶店，不過今天沒有營業。

↑ 玉里神社的說明。

← 玉里神社的遺跡，只剩下一堆石頭。

↓ 保存還很好的神社鳥居。

↑玉里有名的橋頭臭豆腐， 排隊
　的人很長，老闆應該賺翻了！

↓徒步環島 day 14 完成。

↑非常美味的橋頭臭豆腐，記
　得一定要加辣再買杯紅茶。

↓就是這一群採茶姑娘，旁邊
　的音響放著一剪梅歌曲。

176

留言板

👍😆😮 George Lee、龔楷元和其他366人　　　　40則留言

👍 讚　　　💬 留言　　　↪ 分享

吳建德 ⋯

GOOD
👍 1
讚 · 回覆 · 1年

Spencer Yao
甘之如飴～ 👍 1
讚 · 回覆 · 1年

Charrissa Wu
看著你的文字再配合照片感覺也跟你去玩了一趟😆😆
❤大心 · 回覆 · 1年 👍 1

Lucy Su
學長加油💪太棒了
讚 · 回覆 · 1年 👍 1

賴文森
來去台東-你若來台東請你斟酌看 ⋯
學長，加油💪
讚 · 回覆 · 51週 👍 1

Mars Hsieh
比騎單車還要更貼近台灣大地！👣👣👣

👍 2
讚 · 回覆 · 51週

楊秉豐
玉里麵 吃了沒? 加油
讚 · 回覆 · 51週 👍 1

劉韋廷
一步一腳印，邁向環島路
讚 · 回覆 · 51週 👍 1

卓上英
目前台灣生活品質最好的後山
讚 · 回覆 · 51週 👍 1

王琛惠
學長 有地震 👍 1
讚 · 回覆 · 51週

　　So Tzeng
　　王琛惠 玉里沒感覺喔！
　　讚 · 回覆 · 51週

潘瑞根
So Tzeng
文和兄加油
富里的米特別香 👍 1
讚 · 回覆 · 51週

Mini Joe

👍 51
讚 · 回覆 · 51週

Lynn Chang
好可愛的民宿 👍 1
讚 · 回覆 · 51週

雷宗憲
今天花蓮地震後，土質會鬆脫，先了解後續行程會不會經
過山壁易有落石的路段，如果有，建議先暫緩後續行程，
安全第一。🖤
讚 · 回覆 · 51週 👍 3

　　So Tzeng
　　雷宗憲 謝謝學長，沒問題喔！
　　讚 · 回覆 · 51週

黃于珊
學長，加油！💪 👍 1 ⋯
讚 · 回覆 · 51週

黃張維
加油加油💪💪💪
讚 · 回覆 · 51週 👍 1

林秋陽
加油💪*14
讚 · 回覆 · 51週

許承宇
好厲害 知道那歌名 一剪梅 玉里神社下次也要去看看
讚 · 回覆 · 51週

留瓊玉
👍 1
讚 · 回覆 · 51週

陳政良
加油💪太熱血了 👍 1
讚 · 回覆 · 51週

王正圻
這段路我來回走過十幾次，一半是在夜裡，野戰部隊下基
地...
哇 · 回覆 · 51週 👍 1

許承宇
玉里是東部第三大城 閩南居民多是西部彰化雲林嘉義後裔
祖先從八通關古道翻山越嶺而來
玉富自行車道很有意思 因兩大板塊擠壓,每年都會長高2-
3CM,也因為這樣 火車常脫軌 索性改道 才有現在的自行車
道,因為以前是軌道,所以超級平坦 終點舊東里車站,不知道
站內咖啡店是否營業呢。
富里請走舊市區 可避開爬一座高橋 明天景色不是山就是
稻田,晚餐不定主意就選 悟饕池上飯包文化故事館 門口
有列車廂 擺飾很有看頭
讚 · 回覆 · 51週 👍 2

　　So Tzeng
　　許承宇 謝謝學長資訊！
　　讚 · 回覆 · 51週

李逢暉
橋頭臭豆腐.... 😊 2
讚・回覆・51週

謝依珊
好美的花蓮～完成1/3 🦵🦵🦵 2
讚・回覆・51週

陳柏芬
真懷念的臭豆腐！ 👍 1
讚・回覆・51週

曾雪華
💯 👍 1
讚・回覆・51週

紀秉誠

👍 1
讚・回覆・51週

大頭
So大：今晚寒流到，注意保暖哦，平安。 👍 1
讚・回覆・51週

　　　So Tzeng
　　　大頭 收到小謝謝大頭學長！ ❤️ 1
　　　讚・回覆・51週

蔣立琦
兩週啦！這美麗的花東縱谷平原風光應該會忘卻疲勞！棒
棒 👍👍 👍 1
讚・回覆・51週

童建勳
臭豆腐超好吃的！非常難忘的經驗！ 👍 1
讚・回覆・51週

童建勳
請小心下雨天 👍 1
讚・回覆・51週

高玉瑛
過程非常詳細，宛如一起徒步 👍 1
讚・回覆・51週

陳志忠
強者我朋友@ SO桑

👍 1
讚・回覆・51週

林俊傑
加油 👍 1
讚・回覆・51週

Alex Lee
加油 🦵 加油 🦵
每次都寫這個會不會太無聊啊？！

玉里—池上 33km

2020.02.16

　　昨天的氣象預報，玉里早上下雨機率是 40%，一早出門確發現太陽很大。今天早上花蓮的朋友要來陪走玉富自行車道，這個自行車道以前是鐵路，地處歐亞板塊交界的地方，每年地殼因板塊擠壓而升高 2 至 3 公分，導致鐵軌常常會位移，因此將原有鐵道廢除改成自行車道，在另外一邊再興建東部的鐵路車道。

　　這個玉富自行車道跨越秀姑巒溪，秀姑巒溪的中間就是菲律賓板塊和歐亞板塊的交界處，走在這個橋上的時候，可以聽到風切的聲音非常大。玉富自行車道因為過去是鐵軌，所以整個車道非常的平沒有什麼起伏，騎單車應該是非常的舒服。在這個自行車道 8K 的地方有一個玉山觀測站，原來從 8k 的位置看向中央山脈的中央時剛好是玉山的位置，可惜今天天氣雲層比較低看不到玉山。

　　花蓮的朋友陪我走到東里的舊車站，月台還在，車站的建築也還在，拍完照片之後她的先生開車來接她離開。我則繼續往池上的旅程。

　　這個時候天氣已經開始變成陰天左邊的海岸山脈雲層很低看起來像是要下雨的樣子，但是右邊的中央山脈則偶有藍天陽光可見，走在兩個山脈中間的花東縱谷上，沒有太陽溫度且氣溫偏低的氣候走起來非常的舒服。

179

　　途中我特別繞到富里車站，聽說富里車站新的建築很特別。富里的市區短短一條路竟然就有兩間 7-11，富里國中門口的牌樓看起來很有歷史，左右兩邊還有兩天地正氣法古今完人的題字。富里米是台灣有名的稻米之一，富里農會很積極努力的推廣，在他們的農產品展售中心旁剛好有一個稻草藝術季，裡面有用稻草編織起來的大猩猩和公雞等等……

　　在接近池上今天的目的地大約 4-5 公里的時候，手機響起來，是 18 期理弘學長來電，問我現在大概的位置，過沒多久，遠遠有一位騎著單車向我接近，我以為又是一位環島的勇士，突然向我丟了一罐阿華田，我才認出原來是 18 期的理弘學長，知道我今天會走到池上，特別來幫我加油打氣，非常感謝學長學嫂！我們在池上的便利商店和學嫂碰面後，各自繼續後續的旅程。

　　明天要從池上走到鹿野。

↖ 玉富自行車道的起點。

↑ 非常平坦的自行車道。

← 車道旁的稻田山景。

↓ 歐亞板塊和菲律賓海板塊的交
　界點－感謝在的地黃佩茹小姐
　帶路。

↖ 舊有的玉里車站月台。

↑ 路邊農忙的農民。

← 玉富自行車道 8K 位置的 玉山
　觀測台。

↓ 從玉山觀測台向中央山脈看過
　去中間的位置就是玉山的位置。

↑ 舊的東里車站月台。

← 原來的東里車站改成鐵馬驛站。

↙ 今天早上陪走玉富自行車道的黃小姐和她先生。

↓ 姆拉丁部落入口處的有趣藝術造型。

183

↑富里草藝術造景活動。

↓我和大金剛。

↑新的富里車站。

↓另外一隻大猩猩。

184

↑ 富里國中的校門，兩側還有養
　天地正氣法古今完人的題字。

← 騎單車來幫我加油打氣的嚕啦
　啦 18 期學長理弘。

↙ 在池上的便利商店請學長學嫂
　幫我簽名紀念。

↓ 謝謝 18 期理弘學長和 Sophia
　學嫂。

185

↑池上車站。
↓徒步環島 day 15 完成。

↑民宿老闆推薦的餐廳：
　大陸婆婆。

↓大陸婆婆餐廳裡面的
　麵食：蒜麵。

186

留言板

George Lee、龔楷元和其他377人　　44則留言

👍 讚　　💬 留言　　↪ 分享

李永淞
👍 加油 1

林俊傑
加油 🚴 1
讚 · 回覆 · 1年

顏維翬
池上好田好水好米,可以多逛逛···
讚 · 回覆 · 1年　1

李達暉
每天看日記已經快成習慣了耶,學長是網紅了~
哈 · 回覆 · 1年　2

　　洪文怡
　　李達暉 +1
　　讚 · 回覆 · 1年

　　So Tzeng
　　李達暉 謝謝學姐厚愛!
　　讚 · 回覆 · 1年

蔣立琦
懷念之前的花東縱谷騎車。好美的風景。加油 🚴
讚 · 回覆 · 1年

Shu-Ching Lee
挺進台東了 🚴~跨過兩個板塊~真是厲害 😄。大哥一步一步往前的毅力真的令人佩服!
讚 · 回覆 · 1年　1

Kuo Johnson
接卜米覺大有寒流低溫。要注意保暖。加油
讚 · 回覆 · 1年　1

Ryan Ko
真快
兩週了喲
您快到台北了……查看更多
讚 · 回覆 · 1年　1

Mini Joe
勇士加油!
寒流來襲,要注意保暖哦!
讚 · 回覆 · 1年　1

陳陽郎
繼續努力!堅持下去 🚴!加油 🚴
讚 · 回覆 · 51週　1

Janines Liu
要低溫了,注意保暖!
讚 · 回覆 · 51週

林秋陽
加油 🚴*15,昨天有被地震吵醒嗎?
讚 · 回覆 · 51週　1

　　So Tzeng
　　林秋陽 謀喔! 1
　　讚 · 回覆 · 51週

吳建德
這兩天氣溫急降,要注意保暖,加油
讚 · 回覆 · 51週　1

陳柏芬

1
讚 · 回覆 · 51週

Tifer Lai
So San day 15 加油 🚴! 1
讚 · 回覆 · 翻譯年糕 · 51週

Mars Hsieh
好棒棒的一切順利進行!
讚 · 回覆 · 51週　1

曾雪華
👍 1
讚 · 回覆 · 51週

林夢萍
第十五天了,加油 👍
讚 · 回覆 · 51週　1

賴文森
歐亞板塊及菲律賓海板塊花東縱騎時也留下照片紀錄,懷念啊~
學長,加油~
讚 · 回覆 · 51週　1

謝露玲
你的環島讓多少人修改了行事曆啊!?
哈 · 回覆 · 51週　2

　　So Tzeng
　　謝露玲 好像大家都想出門找到了一個好藉口…
　　讚 · 回覆 · 51週　3

區莉玲
天冷了,注意保暖喔!
讚 · 回覆 · 51週　1

Chia-Ling Lee
稻草大猩猩真的很可愛
哈 · 回覆 · 51週

黃于揚
學長,加油! 🚴 1
讚 · 回覆 · 51週

張淑芳
1
讚 · 回覆 · 51週

Alex Lee
這一段路 太美了 我很喜歡 池上、關山、台東、鹿野、知本 👍 加油 🚴
讚 · 回覆 · 51週　1

高玉瑛
好人緣,一路不寂寞 1
讚 · 回覆 · 51週

林世雄
羨慕也幫你打打氣，期待看到你在當地的美景美食分享！
讚・回覆・51週　　　👍1

Jennifer Lien
接著今天冷喔！多注意保暖！👍1
讚・回覆・51週

謝依珊
這一段好美😍
今天台北天氣好差，突然很羨慕你～繼續加油💪
讚・回覆・51週　　　👍1

　　So Tzeng
　　謝依珊 那就來吧!
　　讚・回覆・51週　👍1

　　謝依珊
　　So Tzeng 好遠～～我走不到😅
　　讚・回覆・51週

紀秉誠
辛苦了，加油！👍👍👍1
讚・回覆・51週

許承宇
在池上租台單車晃晃,金城樹,伯朗大道,大坡池都在附近.個人推薦天堂之路.某些角度真的美翻了.相較於池上米.關山米更香更好吃.中午可以在米國學校用餐睡覺.它是大大的米倉改建食堂 透氣窗超級高 大碗公套餐份量十足.進入鹿野建議走捷徑永樂路.車少民宿多.有興趣上鹿野高台眺望花東縱谷和看飛行傘起飛
讚・回覆・51週　　　👍1

　　So Tzeng
　　許承宇 感謝學長非常實用的資訊!
　　讚・回覆・51週・已編輯

Shawn Chen
天冷 景美 热情无限 👍👍👍1
讚・回覆・51週

Jo Tu
恭喜今天正式突破400km關卡，目前總腳程420km👏👏👏加油💪加油💪加油💪
讚・回覆・51週　　　👏3

王麗云
曾爸爸，這兩天溫度驟降，早晚溫差大，要小心不要感冒了😊！加油💪
讚・回覆・51週　　　👍1

卓上英
學長，昨天花蓮連搖了兩天，歡迎你，這個很符合考驗的條件，加油
讚・回覆・51週　　　👍1

　　今天一早先從民宿騎著單車到大坡池繞繞，然後從池上的市區街道走出去台9線，走了3k左右就看到伯朗大道的路口，這次就先路過，望著遠方的金城武樹向池上說拜拜，往關山的方向前進。

　　這3-4天經過的都是台灣的知名稻米生產處，光復，三民，瑞穗，富里，池上，關山都是。到了關山經過"米國學校"，時間還有點早所以還沒有開始賣大碗公，走到關山市區後，很多賣關山便當的店，就在天后宮旁邊挑了這一家關山便當，準備等一下來當午餐。關山到鹿野這一段沿路種了很多玉米和甘蔗以及辣椒，所以沿路有很多賣著玉米和甘蔗的攤子，我相了一攤"阿玉"玉米甘蔗，想說跟老闆娘買一根玉米然後就借他的地方坐下來吃我的便當。老闆娘果然人很好，答應了我的要求。

　　進到鹿野鄉後，一位騎機車的小姐在對面 把機車停下來後一直看著我，突然間把機車騎到我身邊來，拿了一根玉米和一杯咖啡要請我，看來我這個徒步環島的牌子，還是可以騙吃騙喝！走到鹿野市區和鹿野高台的叉路口時，看看時間還早，我決定上鹿野高台看看，這一個決定今天的路程就會增加4-5km。

　　上到鹿野高台後，果然視野無敵，左邊的卑南溪一路延伸往南，可惜海岸山脈的天氣雲層很厚，看來池上那邊應該是下雨了，鹿野高台有一個很大的草原，可以想像熱氣球活動的盛況。拜訪完鹿野高台之後下到鹿野市區後，鹿野也開始下起雨來，還好我已經快到晚上休息的民宿。

晚上民宿老板家裡有朋友聚會，我就充當朋友一員，享用民宿老闆朋友們帶來的酒菜。

明天預計從鹿野走到台東。

→池上大坡池。
↓池上街道旁的打鐵工廠。

↑ 台 9 線上的金城武樹
　 路口，今天路過就好。

↗ 遠眺金城武樹。

→ 過了池上大橋就要進
　 入關山。

↓ 路旁的美麗民宿建築。

↑ 關山的米國學校。

↓ 關山天后宮旁邊的關山便當。

↑ 關山車站。

↓ 台 9 線旁邊一棟非常老舊
　的建築，建築外面有電話
　號碼標示只有 3 碼。

↑ 關山稻田上面急駛的太魯閣號。

← 關山路邊的甘蔗樹。

↙ 關山路邊的辣椒（前排）玉米（後排）。

↓ 在這間賣玉米甘蔗的店跟老闆買玉米和借地方吃午餐 - 關山便當。

193

↑ 我的午餐 - 關山便當。

↓ 到鹿野了。

↑ 一位騎機車的小姐送給我的玉米，一
　緊張又忘了把這位好心小姐拍下來。

↓ 鹿野高台的大草原。

↑ 從鹿野高台上遠眺卑南溪。

↓ 徒步環島 Day16 完成。

↑ 鹿野車站。

↓ 晚上民宿老闆的朋友
聚會，我來湊一腳。

台灣
Taiwan

徒步環島
Day 16

歡迎陪走&加油！

195

f 留 言 板

George Lee、龔格元和其他364人　　　40則留言

👍 讚　　　💬 留言　　　↗ 分享

Jeffrey Chu
加油！每天都非常的精彩，豐富的人生，讓人羨慕！
讚 · 回覆 · 1年　　　👍1

林俊傑
加油 👍1
讚 · 回覆 · 1年

顧維聿
此些美景在一年四季都非常令人著迷，不要匆匆路過···加油!
讚 · 回覆 · 1年　　　👍1

賴文森
花東縱騎時有在金城武樹耍帥拍照留念，只可惜少了咖啡，更別說玉米，原來環島牌子真的可以騙吃騙喝，不過那可不是一般人可以做得到的
學長，加油 💪
哈 · 回覆 · 1年　　　😆3

潘瑞根
So Tzeng
每天關注
每天祝福...... 查看更多

大心 · 回覆 · 1年　　　👍1

> **So Tzeng**
> 潘瑞根 謝謝潘老師每天關注.
> 讚 · 回覆 · 1年　　　👍1

李逢暉
SALUT! 👍1
讚 · 回覆 · 1年

Mini Joe
恭喜達標！
人帥真好，有吃有喝！
讚 · 回覆 · 1年　　　👍💬3

黃張維
So神，加油加油 💪💪💪 1
讚 · 回覆 · 1年

蔡仁傑
天氣變冷！注意保暖。加油！
讚 · 回覆 · 1年

鄭澤
用雙腳寫日記，慢慢寫，我們慢慢看，加油！
讚 · 回覆 · 1年　　　👍2

Mars Hsieh
人帥真好...... 👍1
讚 · 回覆 · 1年

黃建源
今天沒人陪走喔！會不會有失落感，還是落得清靜感覺較好？
讚 · 回覆 · 1年　　　👍1

> **So Tzeng**
> 黃建源 走過就知道.
> 讚 · 回覆 · 1年

Tifer Lai
So San day 16 加油 👍1
讚 · 回覆 · 翻譯年糕 · 1年

Tifer Lai

👍1
讚 · 回覆 · 1年

Jon Wang
So 大，大家都躲起來，結果你在環島，其實戶外才是最安全的…
哈 · 回覆 · 1年　　　😆2

> **So Tzeng**
> Jon Wang 意外的幸運!
> 讚 · 回覆 · 1年

吳建德
又完成一段奇幻之旅，加油
讚 · 回覆 · 1年　　　👍1

區莉玲

👍1
讚 · 回覆 · 1年

黃于珊
學長，加油！💪
讚 · 回覆 · 1年

陳柏芬
吃好米喝好水之後繼續向前進！加油！
讚 · 回覆 · 1年　　　👍1

蔣立琦
騎過走過最能刻印在腦海裡❤ 台灣真美！
讚 · 回覆 · 1年　　　👍1

紀秉誠
👍
讚 · 回覆 · 1年　　　👍1

許承宇
明早跨過鹿野溪,回頭看一下左邊山坡有什麼發現呢? 緩坡直上喘呼吁,坡頂看到初鹿 雜貨店都有賣初鹿牛奶.再來就會看到賓朗村 這村名太可愛.笑著笑著就下坡了 前方就是有名的綠色隧道.日治時期.綠色隧道一直延伸到山上.後來被砍到剩現在長度 不到以前的1/10.拍照完還是早慢車道好了.比較安全.穿過它台東市區就到.再來路線市區路線很多條,你找不到想吃的再打電話問我好了

讚 · 回覆 · 1年   👍 3

> **So Tzeng** 許承宇 謝謝學長資訊!
>
> 讚 · 回覆 · 1年

謝依珊
聽說南部天氣也很冷 (台東空曠處應該很冷).小心保暖
🙏

讚 · 回覆 · 1年   👍 1

江培甄

讚 · 回覆 · 1年

鄧淑君
就愛便當,加油🍱

讚 · 回覆 · 1年   👍 2

Alex Lee
歡迎 曾桑 經過我的樹🌲
加油💪 加油💪

讚 · 回覆 · 1年   👍 2

呂修平

讚 · 回覆 · 1年   👍 2

楊秉豐
加油 明天就會進台東市 會經過卑南豬血湯

讚 · 回覆 · 1年

> **So Tzeng** 楊秉豐 今天路過直接進知本.
>
> 讚 · 回覆 · 1年

陳賜郎

GOOD

讚 · 回覆 · 1年   👍 1

李雅惠
Dear 學弟 路上也要注意安全喔

讚 · 回覆 · 1年   👍 1

> **So Tzeng** 李雅惠 謝謝學姊!
>
> 讚 · 回覆 · 1年

Janines Liu
每天到底走幾公里呢?

讚 · 回覆 · 1年   👍 1

> **So Tzeng**
> Janines Liu 不一定,主要是看休息地點.   …
>
> 讚 · 回覆 · 1年   👍 1

林秋陽
加油💪*16 👍 1

讚 · 回覆 · 1年

林軒農
哈哈,我週末在池上耶,怎沒碰道你😂😂😂 👍 1

讚 · 回覆 · 1年

　　一早享用完民宿主人親手做的麵包後繼續往台東知本出發。早晨的溫度顯示只有 11 度，好像很冷，但是這個溫度對徒步的我來說是非常舒服的，只要不下雨，溫度低一點對徒步者都是老天爺的恩賜。

　　鹿野這邊的特產就是鳳梨跟枇杷，一早在道路兩旁就有很多擺攤的。走著走著熟悉的兩個字 " 綺麗 "，路邊有一個很大的綺麗渡假村，很好奇這個時間的住客率有多少？在走不遠就看到以前騎單車時休息的脫線牧場 - 脫光光帶出場。前面就是鹿野溪，鹿野溪上這座橋叫鹿鳴橋，台大的學長姐應該很有感覺。橋的右邊是紅葉山，也就是是紅葉少棒發展的地方，橋的左邊看過去是都蘭山，過了橋之後往回看，就看到大大的鹿野兩個字在山壁上。繼續前進一段路後，看到河的另外一邊就是昨天上去的鹿野高台。

　　進到卑南之後，兩側的水果改成釋迦，我找了一家賣釋迦的店進去跟老闆聊了一下，原來每顆釋迦樹可以長出的釋迦數目和重量是有一定的規律，如果要釋迦大顆一點，那授粉結果時留的數量就要少一些，反之如果要釋迦小顆一點，授粉時結果的數量就多留一些，這還真神奇。

中午經過初鹿，看到有一間麵店很有歷史感，就進去點了一碗鹹湯圓，味道還真不錯。走到賓朗村的時候，裡面有一個檳榔舊站，在日治時期 1922 年就建立，民國 60 年代台灣拓寬新的環島鐵路之後，這個車站就沒有在使用，但是保存的還算完整，站外還有服從領袖反攻大陸的標語。

為了明後天路程的銜接順利，所以今天就沒有進台東市，直接走到知本。晚上嚕啦啦同期守強做東請吃知本最有名的羊肉爐，在遙遠的台東還有 19 期在地，真是感謝啊！

明天預計從知本走到多良車站／太麻里。

→昨天晚上民宿的所在部落。

↓巴拉雅拜部落的瞭望台。

↑ 經過綺麗渡假村。

↗ 路邊有很多賣鳳梨玉米和
枇杷攤子。

→ 脫線牧場：脫光光帶出場
不過看起來已經沒落了。

↓ 鹿野溪上的鹿鳴橋。

↑這看過去就是紅葉山，紅葉溫泉。

↓過了鹿鳴橋之後回頭看，鹿野兩個
　子大大的在山坡上。

↑路邊一棵 300 年的茄苳樹。

↓路旁的釋迦樹是這個樣子。

↖ 初鹿街道上的一間老麵店。

↑ 老麵店的鹹湯圓。

← 很有日本風味的土地公廟。

↓ 一簍又一簍的釋迦剛剛整理
　 出來。

↑ 這一對夫妻一邊整理釋迦一邊
　 聽我發問釋迦的事情。

↓ 日本時代就建立的賓朗車站。

↑ 很有意思的村民和路名。

↓ 車站外面的反共標語。

↑ 到了台東經過大學路非常的
　比直又長。

← 到知本了。

↙ 知本最有名的黑松羊肉爐。

↓ 2 個人隨便點。

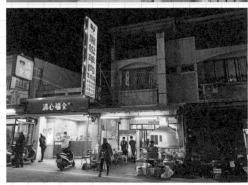

205

↑ 跟台東在地的嚕啦啦 19
　期守強，謝謝港期招待。

→ 徒步環島 day 17 完成。

留言板

林俊傑
加油 👍1
讚 · 回覆 · 1年

童建勳
多良車站很美 👍1
讚 · 回覆 · 1年

顧維肇
晚上泡一個知本溫泉澡，疲勞盡消‧‧‧ 👍1
讚 · 回覆 · 1年

Jessica C. Sun
So 大加油 💪1
讚 · 回覆 · 1年

王意中
哇！即將進入美麗又夢幻的南迴公路海岸線，真的是令人心，蠢蠢欲動啊！感謝文和這一路的分享，哈！看著你的文字，讓人❤癢癢的，🌙癢癢的。 😍3
讚 · 回覆 · 51週

Spencer Yao
時速三公里的見聞果然不一樣 ^^ 😂😮2
哈 · 回覆 · 51週

Janines Liu
應該做一個檔19分佈圖 😁1
哈 · 回覆 · 51週

洪文怡
so 友👊天下 👍1
讚 · 回覆 · 51週

賴文森
這幾天都走30幾km，除老天爺幫忙外，看來心情不錯喔！會不會提早達陣，記得泡一下知本溫泉，讚啦！
學長，加油 💪1
讚 · 回覆 · 51週

黃于瑤
學長，加油！💪1
讚 · 回覆 · 51週

黃張維
連續很精采啊 😎1
讚 · 回覆 · 51週

Peng Jianhuai
晚上的釋迦園，遠看以為是哪個聚落村莊，因為燈火通明 😊 😮2
哈 · 回覆 · 51週

Simone Kang
明顯瘦了 😮1
哇 · 回覆 · 51週

Mars Hsieh
天天有台灣田野調查報告！真是太棒了 👏👏👏1
讚 · 回覆 · 51週

劉仲俊
快進入關鍵數字了
讚 · 回覆 · 51週

涂麗玲
厲害👍加油！ 👍1
讚 · 回覆 · 51週

謝依珊
這一路吃的讓人好羨慕 😋1
讚 · 回覆 · 51週

吳建緯
明天要進入南迴公路，小心車輛喔！
讚 · 回覆 · 51週

Isan Ko
為何我覺得你是環島嘗美食啊
哈 · 回覆 · 51週

Tifer Lai
So San day 17 強！ 👍1
讚 · 回覆 · 翻譯年籍 · 51週

林秋陽
加油 💪*17 😮1
讚 · 回覆 · 51週

Regina Chu
羊肉爐！ 😋1
讚 · 回覆 · 51週

高玉瑛
這趟走完就是地理教SO
哇 · 回覆 · 51週 😮1

陳賜郎
逆向行走 比較安全！保重！ 👍1
讚 · 回覆 · 51週

紀秉誠
繼續加油！👍👍👍 👍1
讚 · 回覆 · 51週

許承宇
進入太麻里請走右邊市區舊路 早期高雄開車過來路況不佳 這裡就是駕駛過夜地點 飯店林立 太麻里隔壁出郊區 左手邊 高高看板以為是TOYOTA維修廠 其實是台灣牛牛肉麵 四學士姊妹經營 事實上現在只有三姐掌舵 大姊在美國 二姐和小妹嫁在桃園與高雄 麵偏軟湯頭不錯 賀伯颱風來時山洪爆發,土石將整間店淹沒 照片述說著大自然的可怕 爬坡走這5分鐘來到最美車站多良 早已廢站多年 眺望海景非常療癒 若能找到門路進入鐵道區 拍照很有FU 但請注意多良沒有住宿.最近住宿點在金崙 且選擇不多 😮1
讚 · 回覆 · 51週

　　So Tzeng
　　許承宇 謝謝學長資訊！
　　讚 · 回覆 · 51週

Gene Wu
學長，加油！💪 👍1
讚 · 回覆 · 51週

江江
怎麼每一張照片都好像很有故事 😂 😂 ...事先做功課？還是當場問路人？
哈 · 回覆 · 51週　　　　　　　　1

區莉玲

讚 · 回覆 · 51週

Serena Lin
這個時節健走 真的是再完美不過了 ~ 天氣涼爽，又可以遠離疫情的焦慮 ~ 學弟真的是賺到了！
讚 · 回覆 · 50週　　　　　　　　1

今天的路線主要是南迴公路，過去由於南迴公路的路比較小所以相對的比蘇花還危險，但是去年 8 月新的南迴公路改善工程通車後，整個南迴公路的路變得又寬又直。

一早從知本出門又是一個出太陽的好天氣，進到太麻里鄉界不遠的地方就發現路邊的山坡上有一些石碑，靠近一看，石碑上寫的台灣山地人祖先發祥地。另外一個石碑寫著卑南族發祥地，如果這樣算的話那太麻里這邊就是台灣人的發祥地囉！

很快的到華源灣後就是海邊了，這裡可以很明顯的看到新舊南迴公路，新的南迴公路看起來非常的壯觀。走上新的南迴公路沒有多久，就碰到兩位從桃園出發徒步環島的女士，剛好今天也是第 18 天和我一樣。

進到太麻里市區，發現有一落黃色建築，在青山藍天的襯托下很漂亮，我以為是民宿，問一下附近的人才知道原來這是永久屋，民國 96 年八八風災之後，由台灣的扶輪社所捐助的，看了一下紀念碑石上面的記載，捐助單位居然有我以前參加扶輪社時的 3480 地區。

中午在四學士台灣牛牛肉麵店用完餐後，說要來陪走的慧慈學姐已經到了！因為今天後面的路程還很長，顧不得學姐午

餐用了沒，就繼續我的行程，學姐從台灣牛牛肉麵店開始陪走一直到金崙，原先我擔心今天的太陽很大，不過中午 1 點過後，太陽就躲在雲層裡，因此學姊很順利的走完今天的陪走路段，我在金崙和學姐分手後繼續我的路程。（這邊要再補充說明一下，來陪走鼓勵加油的人我都歡迎，但是因為我有自己的行程和速度，所以可能沒有辦法就每一個人的需要來配合，請大家諒解！）

新的南迴公路真的是非常的漂亮，尤其是金崙大橋又直又長，南迴公路和蘇花公路都非常適合大家來健走。到了多良車站之後，我特別走到最上面的向陽薪傳園區，和重新製作的完美世界雙翼合影。

在要抵達今天晚上的休息地點前，又遇到了兩位單車環島的女生，奇怪怎麼碰到徒步 & 騎單車環島的都是女生？

明天繼續走南迴公路到達仁。

↑一早離開住宿的知本，清晨街道
　非常的安靜。

←經過知本溫泉區。

↙路邊學校外面的圍牆 有太麻里
　迎曙光比基尼路跑活動塗鴉，有
　這一個路跑活動嗎？

↓進到太麻里後附近路邊的石碑。

211

↑石碑上寫著台灣山地人祖先發祥地。
↓另一個石碑上寫著卑南族發祥地。

↑太麻里美麗的華源海灣。
↓我在南迴公路上面拍的
　火車，覺得多良車站的
　火車好像沒有比她漂亮。

↑兩位從桃園開始環島的女性朋
　友，今天剛好也是第 18 天。

↗太麻里車站。

→太麻里市區內的永久屋，是由
　台灣 3480 地區扶輪社所捐助。

↓太麻里永久屋的捐贈單位說明。

↖ 太麻里有名的台灣牛牛肉麵，在民國九十六年八八風災的時候曾經被沖毀。

↑ 我的午餐。

← 路邊還是有很多釋迦樹。

↓ 漂亮的南迴公路。

↑ 很美的南迴公路和海岸。

← 又直又長的金崙大橋。

↙ 台九線 400 公里的標示。

↓ 要上去多良火車站前的標語 - 帶著微笑去旅行。

215

↖ 完美世界的雙翼，從多良車
　站再上去 200 公尺。

↑ 多良車站看出去的火車軌道。

← 今天碰到的另外兩位單車環
　島的女生。

↓ 徒步環島 Day 18 完成。

留言板

王志傑
頭香，加油！
讚 · 回覆 · 1年

潘瑞根
So Tzeng
文和兄Day18環島行腳拾遺，記載詳盡，精神毅力很超級，加油！
大心 · 回覆 · 1年

吳建德
準備進入屏東縣了，預定行程快走完一半了，港期A勇士，為你加油
讚 · 回覆 · 1年

彭信銘
公路建設的很好，可惜西濱快速道路沒開放人行道
讚 · 回覆 · 1年

林俊傑
加油
讚 · 回覆 · 50週

高玉瑛
很快只剩一半
讚 · 回覆 · 50週

張淑芳
正在思考・・・
我該去陪走哪一段？
哇 · 回覆 · 50週

　　彭信銘
　　張淑芳 台南市中心那段
　　讚 · 回覆 · 50週

　　張淑芳
　　彭信銘 哈哈聽起來不錯 我走美食路線
　　讚 · 回覆 · 50週

　　謝持恆
　　走回終點前十公尺
　　讚 · 回覆 · 50週

　　張淑芳
　　哈哈 太瞭解我了
　　讚 · 回覆 · 1年

　　Peng Jianhuai
　　謝持恆 學長～我也是這樣想
　　讚 · 回覆 · 1年

　　謝持恆
　　我本來想 娘娘應該是在終點線後，最後跨出一步來迎接壯士歸來，一起完成這個旅程
　　讚 · 回覆 · 1年

　　Peng Jianhuai
　　真心覺得～這是個好主意！
　　讚 · 回覆 · 1年

Hsu Shih-Ning
娘娘
台北擺慶功宴即可
讚 · 回覆 · 1年

張淑芳

讚 · 回覆 · 50週

黃張維
So大・・・加油
讚 · 回覆 · 50週

紀秉誠
GOOD

讚 · 回覆 · 50週

賴信翰
多良車站，好漂亮呀
讚 · 回覆 · 50週

　　So Tzeng
　　賴信翰 到了多良車站記得再往上走.
　　讚 · 回覆 · 50週

Rebecca Huang
沒有遇見日本女生但遇到很多台灣女生
哈 · 回覆 · 50週

卓上英
最夢幻的多良車站
讚 · 回覆 · 50週

Jennifer Lien
怎麼沒跟慧慈學姐拍照？
哈 · 回覆 · 50週

Eric Chen
跟著so大遊台灣
讚 · 回覆 · 50週

賴文森
派勢！今天比較晚收看，不過一樓精彩，男主角只有一位，女配角確有5位，什麼時候女主角才會出現
學長，加油
讚 · 回覆

簡國童
預計什麼時候到高雄？算算好像228連假附近？
讚 · 回覆 · 50週

　　So Tzeng
　　簡國童 報告學長:歹勢!時間跟路線現在都沒有辦法確認喔!
　　讚 · 回覆 · 50週

　　簡國童
　　繼續跟下去……
　　讚 · 回覆 · 50週

李達暉
SO大遊記
哈 · 回覆 · 50週

Tifer Lai
So San day 18 強 👍 1
讚 · 回覆 · 翻譯年糕 · 50週

王意中
曾經我們都有著夢想，
文思泉湧的築起夢想。
和而不同地專屬夢想。
徒步當車般實踐夢想，
步履如飛地順應內心。
環環相扣的人生旅程。
島內So迷們目不轉睛。
哇 · 回覆 · 50週 7

So Tzeng
王意中 謝謝港期ㄟ！
讚 · 回覆 · 50週 2

王意中
So Tzeng

蔣立琦
加油快要轉彎了！也就一半啦！恭喜
讚 · 回覆 · 50週 1

謝依珊
女生緣很好💗這樣內容更精彩！
今天的路線很棒
讚 · 回覆 · 50週 1

Chia-Ling Lee
學長都會巧遇美女，令人羨慕～
哈 · 回覆 · 50週 1

So Tzeng
Chia-Ling Lee 來來來！請學姐也來讓我巧遇一下！
讚 · 回覆 · 50週 1

Chia-Ling Lee
So Tzeng 等你回來台北
讚 · 回覆 · 50週 1

林秋陽
加油 *18 1
讚 · 回覆 · 50週

黃于璿
學長，加油！ 1
讚 · 回覆 · 50週 · 已編輯

陳志忠
黑了！你
SALUT! 1
哇 · 回覆 · 50週

陳志忠
皮膚曬黑了……
哈 · 回覆 · 50週

Mars Hsieh
已經快走完半島了～～厲害厲害，加油～～
讚 · 回覆 · 50週 1

顧維翠
"You're always with yourself, so you might as well enjoy the company." Diane Von Furstenberg
你會一直待在自己身邊，所以，不如好好享受自己的陪伴。~黛安．馮．佛絲登伯格
讚 · 回覆 · 50週 1

So Tzeng
顧維翠 謝謝學長這一段美好的文字！
讚 · 回覆 · 50週 1

簡鈺人
1
讚 · 回覆 · 50週

陳信孚
So 大，加油 1
哈 · 回覆 · 50週

So Tzeng
陳信孚 感謝信孚學長讚聲！
讚 · 回覆 · 50週

Lynn Chang
天氣很好耶 👍👍👍 1
讚 · 回覆 · 50週

So Tzeng
Lynn Chang 老天爺幫忙！
讚 · 回覆 · 50週

鄧淑君
台灣勇敢出走的女生，加油 1
哇 · 回覆 · 50週

Vincent Yang
學長 加油 加油 加油
讚 · 回覆 · 50週

Alex Lee
Go go go！ 1
讚 · 回覆 · 翻譯年糕 · 50週

王翊菲
加油加油 我們都在等你回來
大心 · 回覆 · 50週 1

今天依然是南迴公路改善工程的路段，昨天走著就在想南迴公路這麼美是因為山海的景色美？還是因為工程偉大的美？

為了明天要上去壽卡下旭海，保留一點體力，所以今天安排的路程比較短，早上晚了一點出門，天氣還是非常的棒，離開民宿用完早餐出門後，望向海邊可以看到遠方的蘭嶼，昨天的路程上其實也可以看到綠島但是因為天候不是很好所以拍不清楚。南迴改在 412k 的地方開始有一段舊路段維護工程進行，原來新的南迴改路段完成之後舊的南迴公路就變為單向行駛，所以南迴公路現在全段都變成雙向雙線車道。

在這段維護工程的路段快走完的時候，看到有一對夫妻在一輛黑色的轎車外面，遠遠的跟我揮手，原來是以前在 Panasonic 服務的同事邱信森，趁在台東玩的時候特別開車過來幫我加油，事先完全不知情，也沒有問我走到那裡？他們就這樣在南迴追蹤我，然後在我可能到達的路口等我，非常感動的驚喜！簡單的聊天寒喧之後，我繼續我的行程。

整個南迴改的工程到大鳥村之後告一個段落，之後的路段就是從安朔到壽卡那段，所以後續走的路段就沒有雄偉的工程風景。

　　大武是一個很有特色的彩虹村，村子裡面有很多建築外面都有鮮豔的色彩，因先前在大鳥村已經休息過，所以我就直接走到尚武再休息，這時後續的行程只剩下 6 公里。尚武開始這一段路很有特色，因為路邊都是消波塊用來保護道路路基避免被海水淘空，消波塊擺放非常的整齊劃一，就在消波塊地伴隨下輕鬆的走到今天的目的地：達仁。

　　今天的民宿：東方雲真的很漂亮，是我住到目前為止最棒的民宿。

　　明天預計走舊台 9 線上壽卡之後下旭海。

↖ 昨晚住的瀧溪車站鐵路宿舍，裡面的設備很老舊，因為就在瀧溪站旁邊，所以晚上還可以聽得到火車經過的聲音。

↑ 瀧溪車站鐵路宿舍看出去的列車。

← 因為天氣不錯所以，可以看到遠方的蘭嶼，今天他就一直陪我到達仁。

↓ 在隧道口底下碰巧遇見火車進大竹 1 號隧道。

221

↑ 準備進到大武地區前的明隧道。

← 路邊的海巡署檢查哨顏色搭配得
很漂亮。

↙ 另一段南迴改的巨大工程。

↓ 出海捕魚的漁船。

↖ 在 412k 處，南迴公路舊道在維護整修。

↑ 以前 Panasonic 同事夫妻 - 邱信森，一起來跟我打招呼加油。

← 像是開往天際的道路。

↓ 這段南迴公路沿途風景真的是很漂亮。

223

↖ 遠遠的山脈盡頭應該是阿朗壹古道。

↑ 往大武路邊的海岸裝置藝術。

← 大武海濱步道的觀世音塑像。

↓ 大武彩虹村的代表建築。

↑ 大武市區內的商店賣的衣服一件 100 元。

← 打在尚武路邊防波堤的海浪。

↙ 尚武路段旁邊非常壯觀的防波堤。

↓ 路邊有防波堤功能的說明。

225

↑到達仁了，這裡是台 26 線台 9 線和台 9 戊線的交會點。

↓徒步環島 Day 19 完成。

↑今天晚上民宿：東方雲的白天外觀。

↓東方雲民宿的夜景。

留言板

George Lee、龔楷元和其他347人　　　34則留言

👍 讚　　　💬 留言　　　↗ 分享

王意中
浪漫的摩羯，韌性的摩羯，看似孤獨的摩羯，自得其樂的摩羯，順自己心意的摩羯，增添南迴公路上的美，19的浪漫💙，感謝文和。
讚 · 回覆 · 1年　　　❤4

> **So Tzeng**
> 王意中 謝謝意中!
> 讚 · 回覆 · 1年　　❤1

> **王意中**
> So Tzeng
> 💗
> ❤1
> 讚 · 回覆 · 1年

吳建德
慢走體會南台灣之美，隨遇而安，加油摯友。
讚 · 回覆 · 1年　　❤2

黃于瑭
學長，加油！💪
讚 · 回覆 · 1年　❤2

賴文森
今天的劇情雖然比較短，但佈景的安排卻很精彩，要感謝導演上天打造南台灣如此美麗的場景，襯托出男主角的精彩演技
學長，加油💪
讚 · 回覆 · 1年　　　❤4

李達暉
這段對我是最陌生的，好好欣賞謝謝學長報導～
讚 · 回覆 · 1年　　❤1

潘瑞根
So Tzeng
文和兄Day19徒步環島，社區宮庭，老人家我有用心守衛維護，你努力走，家園我們讓你安心!
讚 · 回覆 · 1年 · 已編輯　　👍❤2

邱信森
能為英雄加油，是一種幸福.

讚 · 回覆 · 1年　　　❤3

> **So Tzeng**
> 邱信森 謝謝老同事帶來的驚喜!
> 讚 · 回覆 · 1年

林俊傑
加油 ❤1
讚 · 回覆 · 1年

林秋陽
加油💪*19 ❤1
讚 · 回覆 · 1年

Lynn Chang
台灣的風景很美，羨慕學長啊💚💚💚
讚 · 回覆 · 1年　　❤1

胡金惠
學長可以出書了!用愛行腳台灣。
讚 · 回覆 · 1年　　❤2

Mei Ping Liu
太佩服了💪，文和加油!
讚 · 回覆 · 1年　　❤1

Jeffrey Chu
騎車與走路感受一定不樣吧!
讚 · 回覆 · 1年

Tifer Lai
So San day 19 強強強
讚 · 回覆 · 1年　　❤1

蔣立琦
南台灣的天空依舊很藍💙風景美，心情好!這真是心靈洗滌之旅
讚 · 回覆 · 1年　　　❤1

魏學忠
Enjoy 人生的自我实践
讚 · 回覆 · 1年　　❤1

洪文治
學長要成立一個相簿，這樣有想tollow的朋友，以後查找方便。(您窩的太珍貴)
讚 · 回覆 · 1年 · 已編輯　　　❤1

賴信翰
東部海岸真是很美!文和兄的精神與毅力是我這跑24小時的跑者所比不上的
讚 · 回覆 · 50週　　　❤1

> **So Tzeng**
> 賴信翰 很大一部份感謝您哥哥的啟發和小賴哥的示範,謝謝您們兄弟!
> 讚 · 回覆 · 50週　　👍❤3

> **賴信翰**
> So Tzeng 您太客氣了，這樣說讓我們壓力很大呀～～哈哈哈
> 哇 · 回覆 · 50週　　　❤1

許承宇
越過安朔溪後左邊7-11一定要把水和中餐食物補齊,再來就不會有店家了.12K上升440M 到壽卡坡度3.7% 很穩定不會起伏 路上幾乎不會有汽車,到壽卡記得左轉 這條路車又更少了 路況也較差 東源森林遊樂區的東源池很美 就在路邊 加油 燈塔不遠了
讚 · 回覆 · 50週   1

So Tzeng
許承宇 謝謝學長資訊!
讚 · 回覆 · 50週

So Tzeng
許承宇 現在壽卡可以補水, 東源森林遊樂區前3K也有雜貨店, 東源村裡面補給也很方便了!
讚 · 回覆 · 50週

許承宇
So Tzeng 太讚了
壽卡有補水 但不一定會開的
讚 · 回覆 · 50週   1

Shirley Chen
旭海是個很特別的祕境。可以徒步穿越嗎?   ...
讚 · 回覆 · 50週

So Tzeng
Shirley Chen 長官講的秘境應該是指阿朗壹古道.
讚 · 回覆 · 50週

林昊忠
從你開始徒步環島,每天都期待看到漂亮照片及PO文,加油👏。
讚 · 回覆 · 50週   1

So Tzeng
林昊忠 謝謝林協理.
讚 · 回覆 · 50週

楊秉豐
天公作美 看到蘭嶼 天氣真是好 旅途更完美
讚 · 回覆 · 50週   1

謝依環
今天民宿看起來真的很不錯👍
讚 · 回覆 · 50週   1

達仁－旭海 32km

　　一早享用民宿色香味俱全的早餐後，開始今天上壽卡下旭海的路程。出門的時候地上是濕的，不過太陽已經出來。溫度大概在 18 度左右，算是一個非常適合走路的天氣。

　　今天走的路段南迴改也有新的路線，所以一路上就像蘇花改通車後舊的蘇花公路沒有車一樣，今天這段南迴公路也真的沒有什麼車子。上到 5k 以後的路段，在路邊往下看就可以看到新的南迴改路段，工程看起來非常的浩大，只可惜這個欣賞的距離稍微遠了點，沒有前兩天走在南迴改工程路段上的視覺震撼。舊的南迴公路從達仁到楓港這一段，因為在山裡面所以九彎十八拐，太陽的遮蔽很多，走在裡面非常的涼快舒服。我以穩定的步伐，4km/h 速度前進，順利的在 10 點半抵達壽卡鐵馬驛站。壽卡驛站裡面現在提供飲水的補給，非常的貼心。在補水稍適休息後，跟我約定要來陪走的嚕啦啦 19 期同期淑嬌及靄玲也開車到了壽卡，淑嬌陪走，靄玲則充當補給車，時而停車陪走。

　　到了壽卡之後我們接著走 199 縣道往旭海方向，這段路除了自行車和很少的自小客車，幾乎沒有大貨車，因為旁邊樹木的遮陰，走起來非常的舒服。很快的我們就走到了東源村，東

源村有兩個有名的地方，一個是溼地草原，另外一個是東源書屋，其他的部落裡面有很多的壁畫圖騰，東源村裡面也有，但是東源村裡面的壁畫圖騰都是立體的，這就很特別了！出了東源村後我們轉到 199 甲線前往今天的目的地 - 旭海。

旭海是一個很小的村落，有一個小小的漁港，最近這幾年因為阿朗壹古道變得熱門，讓旭海有了比較多一點的遊客，民宿也比較多一點。今天這個路段原來是我比較擔心住宿點及補給點不容易找到的地方，不過今天走完之後看來我的擔心是多餘的。

感謝 19 期淑嬌和靄玲今天地的陪走支援。

明天預計走 199 甲線接台 26 到滿州。

↖ 民宿準備的豐盛早餐。

↑ 達仁鄉縣立圖書館,非常有部落的味道。

← 要進舊南迴路段前,橋邊看到的景色。

↓ 人車稀少的舊南迴公路,現在稱為台9戊線。

↑ 南迴公路路段因為實施區間測速，所以大貨車的時速也都不會太快。

← 大武分局森永派出所。

↙ 從舊的南迴公路上面看一下去南迴改的路段。

↓ 畫面中央的山就是北大武山和南大武山。

232

↖ 從南迴公路往下看南迴改的部分路段。

↑ 這裡是舊南迴公路台9戊線，台東和屏東的分界。

← 嚕啦啦19期淑嬌和靄玲。

↓ 199縣道上也可以看到光復香港時代革命的貼紙。

↖ 199 縣道的路口。

↑ 內文部落的入口。

← 綠樹成蔭的 199 縣道。

↓ 從 199 縣道上看出去的阿朗
　壹古道方向和太平洋。

↑ 東源村的路口意象。

← 源村內的立體壁畫。

↙ 這一張壁畫拍攝的角度可以比
　較清楚看到壁畫都是立體的。

↓ 同期淑嬌看到說：「這一戶人
　家應該是大戶人家，祖先休息
　的地方上面還有遮雨棚。」

235

↑東源書屋。
↓徒步環島 Day 20 完成。

↑猜猜看我在吃什麼？

↓同期靄玲帶來空拍機
在旭海草原路口空拍。

236

f 留言板

George Lee、龔楷元和其他371人　　　29則留言

👍 讚　　💬 留言　　↗ 分享

李永淞
快要過半
準備待退了…… 👍1
讚・回覆・1年

陳惠芬
記得讓腳休息 👍1
讚・回覆・1年

Shawn Chen
今日的山景好壯觀 🏔🏔🏔 👍1
讚・回覆・1年

吳建德
進入到高屏地區後，氣溫會約在25度以上，小心不要被太陽曬昏喔！
讚・回覆・1年

潘瑞根
So Tzeng
天氣真好，空氣品質肯定更優級。晚上休息，找間腳底按摩是不錯的疲勞緩解。
Day20，文和兄加油！
大心・回覆・50週・已編輯 ❤1

彭信銘
快滿月了 👍1
讚・回覆・50週

賴文森
今天上山又下海，劇情緊湊，看到壽卡鐵馬驛站好熟悉，去年同學單車環島時曾在那裡合影留念印象深刻，最後的阿朗壹古道海岸空拍為今日劃下完美的結局
學長，加油 💪
讚・回覆・50週

區莉玲
太棒了!快完成一半 👍1
讚・回覆・50週

林俊傑
加油 👍1
讚・回覆・50週

Teshnu Chang
這段鄉間一路令人印象深刻！走起來也舒服～還是好美慕……繼續看著您的環島徒步之旅吧！ 👍1
讚・回覆・50週

Chia-Ling Lee
每天都很期待跟著學長深度遊台灣 👍1
讚・回覆・50週

童建勳
感謝你加入明天的公開行程超貼心！
讚・回覆・50週

Mars Hsieh
旭海、牡丹村渡假飯店泡個溫泉，休息一下再繼續199+200走到飽！ 👍1
讚・回覆・50週

Jessica Chang
民宿的貨櫃屋好特別!^^ 👍1
讚・回覆・50週

曾雪華
 👍1
讚・回覆・50週

李達暉
Amazing
讚・回覆・翻譯年糕・50週

Tifer Lai
So San day 20 強 😂 👍1
讚・回覆・翻譯年糕・50週

謝依珊
今天風景夢幻又有小姐姐同行，開心吧 😊
哈・回覆・50週

Angela Chen
So大好棒
讚・回覆・50週

許承宇
明天的風景是我最喜愛的 無敵海景一路隨行 草原 古道 旭海沙灘 九棚沙漠 港仔沙丘 八瑤灣 南仁湖 幾無人煙的地方居然隱藏許多軍事設施 這應該是環島步行中 最接近自然的一天 好好享受喔 👍1
讚・回覆・50週

> **So Tzeng**
> 許承宇 謝謝學長路程資訊。
> 讚・回覆・50週

Peng Jianhuai
屏東高雄的捧油們～準備接隊囉！😊 👍2
讚・回覆・50週

王意中
現在只要經過文和走過的路段，似乎都讓人想起那深刻的背影。哈！一種《想見你》的概念。
大心・回覆・50週 👍1

黃于瑒
學長，加油！💪 👍1
讚・回覆・50週

簡鈺人
👍1
讚・回覆・50週

林秋鳳
加油 💪*20 👍1
讚・回覆・50週

Lynn Chang
漂亮的風景👍👍👍
讚 · 回覆 · 50週　　1

蔣立琦
走著走著一這麼遠啦！南台灣的太陽☺真亮
讚 · 回覆 · 50週　　1

Carina Ho
壽卡！🖤 1
讚 · 回覆 · 50週

　　老天爺先前給了我十幾天的好天氣，今天終於決定測試我的雨衣裝備，一早出發沒有多久就開始下起大雨。今天從旭海出來經過派出所發現景色有點熟悉，原來去年我走阿朗壹古道時候就是從旭海派出所附近這邊轉出來，阿朗壹古道的另一端就是從達仁那邊進 26 號公路。阿朗壹古道兩端長約 8-9 公里，我則是翻山越嶺了 30 幾公里把這兩端接起來。

　　台 26 號這邊有很多的軍事管制區，但我看沿路這些軍事的設施幾乎都已經荒廢沒在使用。今天這段台 26 線我覺得有點像蘇花公路的縮小版，路幅很小，山壁不高，離海很近。

　　走到港仔之後發現這邊也有一尊觀世音菩薩，跟前幾天在大武的那尊一模一樣，港仔這邊很有名就是飆沙活動，只可惜今天天公不作美，雖然是假日但是沒有看到遊客。

　　過了港仔之後就要準備接 200 縣道，昨天宜東學長留言說：199+200 走到飽，今天走完 200 縣道才知道這句話的意思，很累啊！原以為台灣台九線上到壽卡就沒有山路要爬了，今天還下著大雨，全身悶到都濕了！中午在分水嶺用午餐，感謝兩位同期開車支援，讓我有暖暖的牛肉燴飯和熱湯。下午的天氣看起起來應該會轉好，但是太陽露臉沒有多久又繼續躲起來哭……

就這樣了一下雨一下晴我走到了滿州。滿州過後天氣就穩定了雨也不再下了，這時候太陽大到曬起來會痛。

下過雨之後的天空很藍，太陽很大，滿州的農村景色在藍天白雲襯託之下顯得非常的恬靜。經過滿州市區發現市區還有很多老舊的房子，路邊有一個告示牌說明當年海角七號拍攝的一些場景位置。我繼續往今天晚上休息的地方前進，中午在確認晚上住宿地方的時候覺得自己腳的狀況還不錯，就把原先計畫住宿的地方往前推進了 5 公里，所以今天的總程數達到 35 公里，算是最長的一天。

感謝嚕啦啦同期謝靄玲，羅淑嬌請客今日午餐／晚餐。

明天預計去鵝鑾鼻燈塔後進墾丁。

↑ 要離開旭海村了。

← 旭海溫泉，這個是公共造產
　 公家的。

↙ 前一陣子環評爭議很大的牡
　 丹灣 Villa。

↓ 旭海社區裡面的 浮雕壁畫。

241

↖ 一早的 199 縣道，這時候雨
　還沒有下下來。

↑ 牡丹灣阿塱壹古道的各段特
　色說明。

← 台26線旁海邊的裝置藝術。

↓ 回頭望向旭海漁村的方向已
　經下起大雨。

↑ 看起來很像小型蘇花公路的
　台 26 線。

← 因為天氣不好今天的台 26 線
　海邊浪花看起來就比較高。

↙ 走在下著大雨的台 26 線上。

↓ 要進滿洲鄉了！

243

↖ 海邊的礁石上還是可以看到有人在釣魚。

↑ 海邊有兩個像這樣的涼亭，聽說是當年八八風災的時候，小林村有兩塊漂流木漂到這邊來，滿洲把他留下來做成涼亭紀念。

← 港仔漁港的出海口也有人在釣魚。

↓ 港仔社區海邊遊憩區的 觀世音菩薩塑像，跟台東大武彩虹村的觀世音菩薩塑像一樣。

↑全副武裝的我。

↓滿州鄉裡面的遇見滿州民宿，本來打算今晚睡這裡。

↑200 縣道旁邊的土地公廟，老樹長得很大。

↓下午 200 縣道看出去滿州鄉的藍天白雲青山綠地。

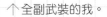

↑ 滿州鄉裡面的老建築。

↓ 徒步環島 Day21 完成。

↑ 今天晚上休息的民宿 -
阿美之家。

↓ 雨後的天空。

留言板

George Lee、龔楷元和其他349人　　43則留言

👍 讚　　💬 留言　　↗ 分享

王意中
敲碗敲碗，終於等到今天的po文，超期待文和每日的行程啊！讓自己好似走在期間，感謝這份美好。
讚・回覆・1年・已編輯　💬2

劉啟鴻
加油~快到台南了🏃🏃🏃
讚・回覆・1年　👍1

曾雪華
　👍1
讚・回覆・1年

李穎坤 ...
MEDIA1.TENOR.CO
media1.tenor.co
讚・回覆・50週　👍1

林千里
小心，別感冒了。
　👍1
讚・回覆・50週

蔣立琦
大雨過後就是藍天白雲，堅持🏃就會看到美景❤💯
大心・回覆・50週　❤💯2

陳柏芬
GOO!

讚・回覆・50週

Benson Chen
堅持到底，So大加油👏👏
讚・回覆・50週　👍1

呂榮海

呂榮海
相逢何必曾相識

讚・回覆・50週　👍1

顏文森
今天的戲服不一樣，肯定是配合劇情精彩演出，而今天的布景有山有海一樣漂亮
學長，加油💪
哈・回覆・50週　😆1

Mini Joe
　👍1
讚・回覆・50週

林俊傑
加油
讚・回覆・50週・已編輯

卓上英
學長，辛苦了！好山好水，都被你發現光了，哈哈哈，從台東經滿州鄉到屏東，也是很有歷史古戰場的地方，聽說最早一批日本人，就是從屏東上岸，並進入滿州，然後就發生抵抗，一些人GG，回去搬救兵，結果就佔領了台灣，當時原住民死傷慘重！
讚・回覆・50週　👍1

　　許承宇
　　卓上英
　　說的應該是車城附近上岸 古戰場是在四重溪的石門古戰場 可能是您記錯位置✍
　　讚・回覆・50週　👍1

　　卓上英
　　許承宇 確實是您講的內容，也是我想表達的，謝謝
　　讚・回覆・50週　👍1

Janines Liu
過半啦！👍　👍1
讚・回覆・50週

黃于瑞
學長，加油！💪　👍1
讚・回覆・50週

李達暉
漂亮！　👍1
讚・回覆・50週

Tifer Lai
So San day 21 加油💪！　👍1
讚・回覆・翻譯年糕・50週

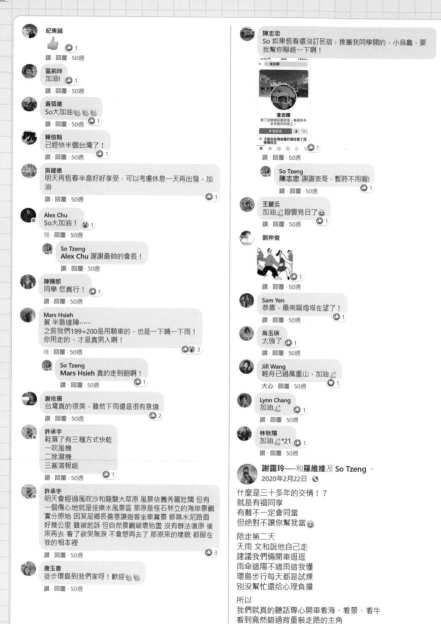

紀秉誠 👍 1
讚·回覆·50週

區莉玲 加油! 1
讚·回覆·50週

黃張維 So大加油 1
讚·回覆·50週

賴信翰 已經快半個台灣了！ 1
讚·回覆·50週

吳建德 明天再恆春半島好好享受，可以考慮休息一天再出發，加油
讚·回覆·50週 1

Alex Chu So大加油！ 1
哇·回覆·50週

So Tzeng Alex Chu 謝謝最帥的會長！
讚·回覆·50週

陳賜郎 同學 您真行！ 1
讚·回覆·50週

Mars Hsieh 賀 半島達陣……
之前我們199+200是用騎車的，也是一下晴一下雨！
你用走的，才是真男人啊！
哇·回覆·50週 3

So Tzeng Mars Hsieh 真的走到飽啊！ 1
讚·回覆·50週

謝依璄 台灣真的很美，雖然下雨還是很有意境
讚·回覆·50週 2

許承宇 鞋濕了有三種方式快乾
一吹風機
二除濕機
三塞滿報紙 1
讚·回覆·50週

許承宇 明天會經過風吹沙和龍磐大草原 風景依舊秀麗壯闊 但有一個傷心地就是佳樂水風景區 那原是怪石林立的海岸景觀 實原分原始 因某屆鄉長善意讓遊客坐車賞景 修築水泥路面 好幾公里 雖被起訴 但自然景觀破壞殆盡 沒有辦法復原 後來再去 看了欲哭無淚 不會想再去了 那原來的樣貌 都留在我的相本裡
讚·回覆·50週 3

唐玉書 徒步環島到我們家呀！歡迎
讚·回覆·50週

陳志忠 So 如果恆春還沒訂民宿，推薦我同學開的，小烏龜，要我幫你聯絡一下啊！
讚·回覆·50週 1

So Tzeng 陳志忠 謝謝表哥，暫時不用喔!
讚·回覆·50週

王麗云 加油 撥雲見日了
讚·回覆·50週 1

劉仲俊
讚·回覆·50週 1

Sam Yen 恭喜，最南端燈塔在望了！
讚·回覆·50週 1

高五瑛 太強了 1
讚·回覆·50週

Jill Wang 輕舟已過萬重山，加油
大心 1

Lynn Chang 加油 1

林秋陽 加油*21 1
讚·回覆·50週

謝霜玲—和羅維維及 So Tzeng。
2020年2月22日·🌐

什麼是三十多年的交情！？
就是有福同享
有難不一定會同當
但絕對不讓你幫我當😏

陪走第二天
天雨 文和說他自己走
建議我們倆開車逛逛
雨傘遮陽不過雨這我懂
環島步行每天都是試煉
別沒幫忙還給心理負擔

所以
我們就真的聽話專心開車看海、看景、看牛
看到竟然錯過背重裝走路的主角
落得開車帶午餐在台26公路上上演"車追人"
😄😄😄

滿洲－鵝鑾鼻燈塔－墾丁 26km

　　早上出門前的一道彩虹，讓我以為今天老天爺不再測試我的裝備了，但從 200 縣道走到 200 甲縣道沒有多久，雨就開始稀哩嘩啦下了起來，看來氣象很準啊！我是全部副武裝，但是陪走的同期淑嬌只有一件擋小雨的風雨衣，很快她全身衣服就濕了，還好開保母車的靄玲反應夠快，沒多久就把淑嬌接去換衣服。之後的台 26 線就一個人獨自的前進。這個雨下下停停，雨停的空檔可能是因為下過雨，空氣變得很乾淨視野也變得很清楚。

　　今天的路段主要是會經過風吹沙，龍磐公園，然後鵝鑾鼻燈塔，但是今天又臨時加碼了台灣最南端。雨停的空檔剛好在風吹砂的缺口，風勢的強勁幾乎站不住。還有好今天是下雨天，要不然這個從海邊吹上來的沙子打在身上應該受不了。雨停之後的海景看起來非常的乾淨俐落，突然覺得今天走在這一段路上還好是下雨不然太陽應該很曬。這樣的想法有點異於常人，因為下雨天應該就沒有人想來這一段逛了。

　　經過了龍磐公園之後先加碼往台灣的最南點前進，到達最南點的標誌時有種莫名的感動，我居然從台北出發走到了台灣的最南點。接著要往這一次徒步環島的四個燈塔目標的之一的

鵝鑾鼻燈塔前進，Google 導航從最南點上來之後不遠，明明有一條路走進去就到了硬是被隔了起來，一定要繞到下面的正門才可以進去鵝鑾鼻燈塔，這時候雨勢又突然大了起來，3 個嚕啦啦 19 期像瘋子一樣，在鵝鑾鼻燈塔前留下我們的記錄，在到鵝鑾鼻燈塔之後，我這一次徒步環島的四個燈塔目標已經達成 3 個了耶！

　　同期的淑嬌和靄玲的陪行在鵝鑾鼻燈塔暫告一個段落，我繼續往今天的目的地墾丁市區前進。剩下這段 8 公里的路程，雨也是下下停停，不過跟上午不一樣的是，下午雨停時太陽就出來而且很曬，艷麗的太陽把船帆石附近的民宿照得非常的漂亮。今天的路程比較短所以我也比較早就到了墾丁市區休息，整理這兩天下雨受潮的裝備。

　　明天預計走台 26 線到楓港。

↑一早要從民宿出發前看到的彩虹。

←帶我走或留下來:《海角七號》。

↙在 200 甲縣道上看到的彩虹。

↓台 26 線上的美麗民宿 -Ocean Day by Day。

251

↑雨停的空檔所拍攝的風吹砂海岸。

←風吹沙的海岸風景。

↙此時前面風口的風勢非常大。

↓看葉子的樣子可以想像風勢多麼的強勁。

252

↑龍磐公園裡面的海岸風景。

↓我在台灣最南端。

↑一條邁向天際的道路。

↓台 26 線上路邊美麗的餐廳。

253

↖ 台灣最南端看出去的台灣海岸。

↑ 到鵝鑾鼻燈塔了，這時候的雨勢非常大。

← 3 個嚕啦啦 19 期的瘋子，風強雨大在墾丁鵝鑾鼻燈塔。— 與謝靄玲和羅維維。

↓ 走到船帆石後天氣變好了。

↑ 墾丁的船帆石。

← 船帆石的海岸風景。

↙ 小灣海岸風情。

↓ 過了船帆石天氣突然又
　 開始要變下雨了。

255

↑ 接近墾丁市區天氣又變好了。

↓ 徒步環島 Day 22 完成。

↑ 墾丁的中央尖山，名字我自己取的啦！

↓ 墾丁派出所前面的有趣造型。

留言板

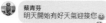 George Lee、龔楷元和其他387人　　　48則留言

👍 讚　　　💬 留言　　　↗ 分享

蔡青芬
明天開始有好天氣迎接您😄
哈 · 回覆 · 50週　1

> **So Tzeng**
> **蔡青芬** 太陽太大很曬啊！
> 讚 · 回覆 · 50週　1

彭信銘
屏東口罩都有剩，可以沿路買。
讚 · 回覆 · 50週

郭宏德
大佬太強了，完成一半了！
讚 · 回覆 · 50週　1

李永淞
過半了
加油…　1
讚 · 回覆 · 50週

林秋陽
加油💪*22　1
讚 · 回覆 · 50週

Lynn Chang
雨來就發! 加油💪
讚 · 回覆 · 50週

賴文森
第3個燈塔鵝鑾鼻燈塔到手，還加碼演出了台灣最南端，
難怪今天沿路彩虹🌈都為你的精彩演出喝采
學長 · 加油💪
大心 · 回覆 · 50週　3

潘瑞根
So Tzeng
文和兄加油
徒步宜花東路線達陣，現在行走屏高南嘉雲往北移動，已
經走了2分之1，了不起啊！拍拍手...
1
大心 · 回覆 · 50週

黃于珊
學長，加油！💓　1
讚 · 回覆 · 50週

陳惠芬
恭喜完成三項目標了🐑🐑……
讚 · 回覆 · 50週　1

李永淞
星期四大概在台灣的什麼地方呢？🐑
哈 · 回覆 · 50週

> **So Tzeng**
> **李永淞** 很難說ㄟ，前一天才會比較確認.
> 讚 · 回覆 · 50週　1

童建勳
完成了3/4　1
讚 · 回覆 · 50週 · 已編輯

區莉玲
GOOD　1
讚 · 回覆 · 50週

Tifer Lai
So San day 22 強 加油💪！在高雄等你
讚 · 回覆 · 50週　1

Tommy Chen
強　1
讚 · 回覆 · 50週

Jennifer Lien
¦半了 加油💪　1
讚 · 回覆 · 50週

Spencer Yao
終於回家的路在前方 ^^
讚 · 回覆 · 50週

> **So Tzeng**
> **Spencer Yao** 真的!從越走越遠到越走越近.
> 讚 · 回覆 · 50週　1

鄧承德
幫So大點一首 https://www.youtube.com/watch?
v=L229QDxDakU
　　　ⓘ
▶　YOUTUBE.COM
　　Jay Chou 周杰倫【一路向北 All the
　　Way North】-Official Music Video
哈 · 回覆 · 50週

曾雪華
👍✨　1
讚 · 回覆 · 50週

高玉瑛
恭喜過半，剩一半
讚 · 回覆 · 50週　1

高玉瑛

👍 1
讚 · 回覆 · 50週

李鎮輝
恭喜過半！太平洋完勝
👍 1
讚 · 回覆 · 50週

Janines Liu
回頭了耶！好強啊
👍 1
讚 · 回覆 · 50週

雷宗憲
旅程過半囉！加油(ง •̀_•́)ง

👍 1
讚 · 回覆 · 50週

劉仲俊
繞到西部了，ZHI
讚 · 回覆 · 50週

Acelin Chen
So大學長 實在非常強👍👍
👍 1
讚 · 回覆 · 50週

王意中
真的沒有什麼是不可能的！只要你願意跨步出去。文和徒步環島的啟示啊！

😍👍 4
大心 · 回覆

Vicky Tseng
So哥～好棒～為你加油👍
👍 1
讚 · 回覆 · 50週

蔣立琦
哇！最南端👍！已經完成三塔啦！墾丁這段我騎過腳踏車！用走的真是不簡單！加油
👍 1
讚 · 回覆 · 50週

許承宇
在恆南路口的小杜包子很推薦.吃完走入恆春鎮 路沒比較遠,還可以順便經過 南門西古城門和阿嘉的家 回到26道走兩公里 左邊就是五里亭機場 2019年沒有飛機起降 明路線終點楓港是南臺灣重要的交通樞紐,南廻公路由此為起點,同時台1線、台9線的終點,以及台26線的起點所在,是西部通往東臺灣與恆春半島的必經之地.也是現任總統的故鄉
👍 2
讚 · 回覆 · 50週

So Tzeng
許承宇 謝謝學長資訊.
讚 · 回覆 · 50週

許承宇
慶祝北漂開箱 老師音樂請下
https://www.youtube.com/watch?v=YJSpGXxkCqE

YOUTUBE.COM
黃明志Namewee ft. 鄧紫棋 G.E.M.【漂向北方 Stranger In The North ...
👍 1
讚 · 回覆 · 50週

So Tzeng
許承宇 很好聽啊！
讚 · 回覆 · 50週

Vincent Su
學長加油，真心強大啊👍👍👍
👍 1
讚 · 回覆 · 50週

林俊傑
加油
👍 1
讚 · 回覆 · 50週 · 已編輯

黃張維
強大的so大啊
👍 1
讚 · 回覆 · 50週

吳建德
加油
👍 1
讚 · 回覆 · 50週

吳建德

👍 1
讚 · 回覆 · 50週

Wei Wei Hsu
已經進入西部了，厲害啊！
👍 1
讚 · 回覆 · 50週

Silvia Shi
我好佩服你
每天行腳千里
還要寫下這麼多的遊歷
要我
躺到床就睡著了
哈 👍 1
讚 · 回覆 · 50週

So Tzeng
Silvia Shi 我現在的記憶力就跟金魚一,趁還記得時候趕快記錄下來,不然隔天就忘光光...
讚 · 回覆 · 50週

李永淞
Silvia Shi 出SNG車跟拍、專訪…
讚 · 回覆 · 50週

Alex Lee
讚👍啊！我的故鄉屏東
墾丁、滿州…
讚 · 回覆 · 50週　　　1

簡鈺人

1
讚 · 回覆 · 50週

Eleanore New
So 大儒管瘋！能從狂敖少年一路瘋到老，也是一種幸
福！
哈 · 回覆 · 50週　　　2

墾丁－楓港 34km

　　下了兩天的雨今天終於放晴，昨天在墾丁大街裡面的民宿休息，星期天晚上的墾丁大街的人潮沒有很多，看起來受疫情的影響很大。今天一早從非常安靜的墾丁大街出發向楓港前進。今天到 楓港的這段路還是台 26 線，走到楓港之後台 26 線也走完了，之後就準備接台 1 線。

　　到了恆春後，我繞到恆春市區裡面，拜訪一下恆春古城南門，也訪一下海角七號中熱門的場景 - 阿嘉的家，還順便去拜訪一下去年來住過台大 EMBA 同學的飯店 - 怡灣渡假酒店，在離開恆春不久的路上，我在一間民宅前面稍事休息看訊息，突然有一位阿嬤拍拍我的背包問我需不需要加水？原來他是這民宅的主人，聊了一下知道我從台北走來，阿嬤拿了一盒小番茄說要給我帶走路上吃……怎麼有這麼好的人！

　　今天路上的風景跟昨天差不多就不再贅述，在離開車城往海口路上，遇見了兩位從中壢出發徒步環島的朋友，今天是第12 天，他們說從台 9 線上壽卡再下到達仁距離太遠所以改走199，但是我查了一下距離應該不是他們說的那麼遠，看來他們資訊有點錯誤，但是已經來不及回頭了，徒步真的不像騎車那麼有彈性，稍為估計錯誤就是一段很長的路。

我進到楓港時候，在楓港國小前拍照時 突然有人後面叫住我：先生你過來一下，我心裡想又是哪一個認識我的朋友嗎？不是，她是麵攤的老闆娘，原來他看到我背包的牌子徒步環島，想說這個時間會 5 點走到楓港應該肚子餓了，而楓港這一個鄉下地方 6 點多之後，很多店就不營業了！老闆娘擔心我肚子餓沒東西吃，決定要煮一碗麵請我……今天真的是感受到台灣濃濃的人情味！

明天預計從楓港走到林邊，路線還在調整中。

↑一早非常安靜的台 26 公路。

↙ 海角七號的夏都飯店。

↘一早的墾丁大街。

↑核三廠。

↗ 南灣前色彩繽紛的民宿。

↓古城旁邊大樹裡下的老人家在下象棋。

264

↑ 恆春古城北門。

↙ 古城旁邊大樹裡下的老人家在下象棋。

↘ 海角七號阿嘉的家。

265

↑ 沒有人，沒有飛機的恆春機場。

↓ 105C 同學小鹿家的飯店 - 怡灣
　　渡假飯店。

↑ 台 26 線 19k 路標。

↓ 怡灣渡假飯店 - 到此一遊。

↑ 車城的農產品 - 洋蔥。

↓ 拿一盒小番茄要送給我的阿嬤。

↑ 另外兩位從中壢開始環島的朋友，
　胡哲誠（左），簡秋榮。今天第 12
　天。後來在 3 月 10 日我走到中壢
　時，居然經過簡秋榮先生的機車店。

↓ 要進車城前很有趣的公車造型。

↑ 車城海邊公園有趣的玩偶造型。

↗ 太陽照射在海面上輝映著魚船。

↓ 這是屏東縣農民教育中心 -H Hotel。

↑ 到楓港時，堅持要煮一碗麵請我的麵店，老闆娘堅持不要露臉。

↓ 楓港國小前的天橋。

→ 今天晚上住宿的旅店，也是 5 年前單車環島住的地方 - 隆安旅店。

269

↑徒步環島 Day 23 完成。

留言板

George Lee、龔楷元和其他407人 55則留言

讚 留言 分享

Janines Liu
人帥真好 2
哇 · 回覆 · 1年

李達暉
一路艷遇～ 1
哈 · 回覆 · 1年

Dean Chen
感覺照相取景提升了ㄟ (畫錯重點...) 1
讚 · 回覆 · 1年 · 已編輯

Spencer Yao
風景美人情味濃～這就是台灣味！ 1
讚 · 回覆 · 1年

張力文
加油！過半了。 1
讚 · 回覆 · 1年

蔣立琦
人緣真好～～處處有溫情，滿滿的故事～～祝福學長～～天天好心情、繼續環島路 1
大心 · 回覆 · 50週

Chia-Ling Lee
人帥真好+1 1
讚 · 回覆 · 50週

林俊傑
加油 1
讚 · 回覆 · 50週

劉仲俊
好心的老闆娘遇到有毅力的年輕人，會蹦出什麼火花? 1
哈 · 回覆 · 50週

蔡青芬
今天好溫暖喲 1
大心 · 回覆 · 50週

Mars Hsieh
繼續佩服你（想到以前當兵時，從台南走到恆春再走回台南的感覺了） 1
讚 · 回覆 · 50週

吳建德
南台灣的熱情，讓你處處都可以感受到，加油喔！ 1
讚 · 回覆 · 50週

雷宗憲
台灣濃濃的人情味+人帥氣

1
讚 · 回覆 · 50週

Mini Joe
帥氣的勇腳，加油！ 1
讚 · 回覆 · 50週

Jennifer Lien
濃濃人情味 1
讚 · 回覆 · 50週

賴文森
So大遊台灣看來連阿嬤也瘋狂！謝謝你今天的精彩劇情-台灣人最美麗的風景，濃濃的人情味，相信會在未來的路上一直陪伴你，讓你不再踽踽獨行。
學長，加油 2
大心 · 回覆 · 50週

So Tzeng
賴文森 謝謝學長每天都很認真的收看鼓勵! 1
讚 · 回覆 · 50週

黃于珊
學長，加油！ 1
讚 · 回覆 · 50週

曾雪華
文和:加油! 1
讚 · 回覆 · 50週

So Tzeng
曾雪華 謝謝曾姐!
讚 · 回覆 · 50週

謝露玲
我們很有道義吧！
怕你在恆春半島中暑
特定把風雨帶去也有把風雨帶走
無痕山林的觀念 5
哈 · 回覆 · 50週 · 已編輯

So Tzeng
謝露玲 把雨帶走就好，雲請留下來! 1
讚 · 回覆 · 50週

簡國童
今天走蠻遠的 1
讚 · 回覆 · 50週

Grace Chang
越來越靠近台北了！ 1
讚 · 回覆 · 50週

洪文怡
感覺跟媽祖繞境很像，台灣人情味重，走到哪都有信徒供奉。 1
哈 · 回覆 · 50週

Lynn Chang
好暖的一天 1
讚 · 回覆 · 50週

彭信銘
台灣人的人氣味 1
讚 · 回覆 · 50週

陳慈貞
台灣就是這麼有人情味，超級愛台灣，文和也好棒，加油 1
讚 · 回覆 · 50週

Tifer Lai
So San day 23 強強強 加油👊！
讚・回覆・50週 💬 1

許承宇
明天大部分的路程.左邊都有無敵海景請珍惜.後續行程一直到台北可能都看不到海了.海邊有個三個傻瓜咖啡.進去點杯冰沙.甚至下海玩一下.這是我沿路十幾攤位最推薦的放空店。
水底寮是個很重要的里程碑.在此之前路線別無選擇.水底寮之後.每天路線都有兩個以上的選擇.右邊台1縱貫線.左邊台17海線.若走海線距離短2.8K左右.若走縱貫線人口較多吃住容易.所以每天路線都要抉擇.佳冬/隆昌都有住宿.助順利平安
讚・回覆・50週 💬 2

　So Tzeng
　許承宇 謝謝學長資訊！
　讚・回覆・50週

林秋陽
加油👊*23 💬 1
讚・回覆・50週

謝依珊
今天天氣好好！有開始感受疫情的影響.人好少！～～今天請你吃麵的阿姨最有梗😄
讚・回覆・50週 💬 1

Alex Lee
耶！Go go go！
南部人是真的比較熱情啦！
讚・回覆・50週 💬 1

區莉玲
👍 💬 1

Jason Cheng
每日早上看您的臉書是每日上班一大樂趣了
讚・回覆・50週 💬 1

　So Tzeng
　Jason Cheng 謝謝學長支持啦！
　讚・回覆・50週

簡鈺人
讚・回覆・50週

Silvia Wu
應該是人帥吧！台灣處處有溫情！
讚・回覆・50週 💬 1

黃張維
人真的是台灣最美的風景
讚・回覆・50週 💬 1

高玉瑛
到處是洋蔥.害我淚流滿面
讚・回覆・50週 💬 1

　So Tzeng
　高玉瑛 姊仔夕勢哪！
　讚・回覆・50週

高玉瑛
我四年前騎車環島.也感覺南部人超熱情
讚・回覆・50週 💬 1

陳淑娟
很棒的人生體驗．接收滿滿的台灣人情味
讚・回覆・50週 💬 1

Mars Hsieh
要北上囉.依照你的期數.走19線慢慢晃吧～～
讚・回覆・50週・已編輯 💬 1

陳鵬郎
💯 💬 1
讚・回覆・50週

李春和
👏👏👏 💬 1
讚・回覆・50週

Vincent Su
哥哥👍👍👍👊 💬 1
讚・回覆・50週

張義芳
加油👊學長！ 💬 1
讚・回覆・50週

王淑華
👍 💬 1
讚・回覆・50週

李春和
加油加油～～ 💬 1
讚・回覆・49週

Wawa Chang
感動！人生就是一場抵達.這一路上會遇到不同的風景.不同的人.生命的驛站.有的人是來溫暖你的.有的人是來給你經歷的.不管怎樣的遇見.都是值得珍惜的。真的佩服你.太棒了！
大心・回覆・49週・已編輯 ❤💬 4

　So Tzeng
　Wawa Chang 謝謝娃娃學嫂!謝謝您和學長給我的溫暖！
　讚・回覆・49週 ❤ 2

　Wawa Chang
　等你完成徒步壯舉時.別忘了哲學宴喔！
　讚・回覆・49週 ❤ 2

楓港－枋寮－林邊
36km

　　昨天晚上住的隆安旅店，是多年前單車環島的時候就住過的旅店，整個旅店已經重新裝修過，衛浴設備都非常的新且方便，老闆也重新買了烘衣機，所以對背包客和單車的旅客來說非常方便。早上從楓港出門的時候，特別去楓港老街看了一下，老街地面都鋪了磁磚，可能是因為小英總統的老家就在老街的末端後面，不過昨天晚上到時看了一下並沒有什麼店在營業，就算是總統也沒有辦法振興自己家鄉的商業活動啊！

　　楓港這裡匯集了台1線，台9線和台26線的交會點，每年寒暑假的單車騎士可是熱鬧滾滾。早上出門的時候農家的活動已經都開始展開。路邊就看到有一堆人在整理洋蔥，還有很多農夫在幫芒果包袋子。楓港到枋山這一段，最有名的就是芒果和蓮霧以及洋蔥，路邊可以看到很多的店面都在銷售黑珍珠蓮霧洋蔥以及芒果。我走到加祿的時候特別去旁邊的水果攤買了一杯純芒果冰沙50元，老闆娘看我走路過來還特別叮嚀我等一下吃芒果冰沙的時候小口小口吃，不然頭會痛。吃完了冰沙老闆還特別送了兩根香蕉給我，說長時間走路可以避免抽筋。午餐吃了一碗牛肉麵，吃完牛肉麵之後老闆又多送了一瓶礦泉水給我讓我在路上喝，又是滿滿的人情味啊！

　　離開楓港之後的空氣越往北走就越不好，才半天的時間就開始懷念東部以及墾丁的空氣。走到水底寮之後 我從台 1 線改換成台 17 線往林邊方向前進，台 17 線沿路還是種植很多的芒果，我跟路邊一個正在裝箱芒果的農夫聊了一下，問了一下今年的收成情況，農夫知道我從台北走過來就拿了一顆愛文芒果說：少年仔！這一顆給你試吃一下，我就這樣吃了今年的第一顆愛文芒果。今天的路程前半段還是有一些美麗的海景後半段景色就比較無聊。晚上接受嚕啦啦 19 期在地的淑嬌和她先生大雄招待大鵬灣有名的日式料理 - 細尾，非常感謝啊！

　　明天繼續走台 17 往高雄前進，預計到三多商圈附近休息。

↑楓港老街的牌樓，小英總統的
　家就在楓港老街裡面。

↗楓港也是台1線的終點。

→楓港有很多的伯勞鳥，所以有
　著一個伯勞鳥造型的郵差。

↓農夫早早就在忙著幫芒果裝袋。

↑ 路邊的芒果樹結實纍纍。

← 這是台 9 線。

↙ 一早的台 9 線景色看起來非常的清澈。

↓ 這是台 1 線路邊的風景。

↖ 路邊有趣的停車指示看板。

↑ 很大的土地公廟。

← 西瓜也是楓港的名產。

↓ 已經收成在銷售的芒果。

277

↑ 珍珠蓮霧。

← 農夫正在忙著幫芒果裝袋。

↙ 100% 芒果冰沙。

↓ 芒果冰沙老闆送的香蕉和牛
　肉麵老闆送的礦泉水。

278

↖ 枋寮市區。

↑ 枋寮車站。

← 請我吃一顆愛文芒果的農夫。

↓可以考慮事業的第二春。

↑芒果開花完後的結實情況。

↓徒步環島 Day 24 完成。

↑佳冬車站。

↓感謝嚕啦啦 19 期在地的淑
　嬌和他先生大雄的招待。

留言板

George Lee、龔楷元和其他345人　　44則留言

👍 讚　　　💬 留言　　　↗ 分享

Rebecca Huang
少年仔喔～
讚・回覆・1年・已編輯

潘瑞根
So Tzeng
文和兄拍照技術一級棒，張張都很有故事，掌聲鼓勵，

陳莉菁
感謝文和分享，每天都很期待看你的環島貼文！
大心・回覆・50週

> **So Tzeng**
> 陳莉菁 謝謝港期鼓勵！
> 讚・回覆・50週

Eric Chen
明天去找尾鰭了！
哈・回覆・50週

Mini Joe
離家越來越近了，加油
讚・回覆・50週

李達暉
少年仔，加油
讚・回覆・50週

黃于璠
學長，歡迎來高雄！三多商圈等您哦！
讚・回覆・50週

林俊傑
加油
讚・回覆・50週

Tifer Lai
So San day 24 強，加油，明晚住那裡，我家在三多商圈附近，
讚・回覆・50週

江江
人太!...你入鏡了!第21分58秒的地方
https://youtu.be/iSMiF4Ji_ql

 ▶ YOUTUBE.COM
台灣環島-最難忘的環島之旅-台灣很美，但台灣人心更美!7天6夜最寒冷...
哇・回覆・50週

Jessica Chang
我都記得學長PO的美食^^ 還有貨櫃屋民宿!
讚・回覆・50週

李永淞
老闆娘們都對你很好喔！
讚・回覆・50週

陳柏芬
少年仔 你好像瘦了一圈！
哈・回覆・50週

賴文森
今天比較入戲，劇情是目前最長的一集，可能是男主角因為南台灣的臨時演員太熱情忘記旅途的疲累，今天的場景不經想起當兵時下恆春基地的往事
學長，加油
大心・回覆・50週

陳賜郎
同學今天的路線我曾開車經過，但願有1天我也能用雙腳走過！
讚・回覆・50週

Jennifer Lien
今天主題是水果
讚・回覆・1年

吳建德
很快喔！228左右應該進到高雄市，加油
哇・回覆・1年

Janines Liu
偶像

台灣環島-最難忘的環島之旅-台灣很美，但台灣人心更美!7天6夜最寒冷也是最溫暖的環島之旅#台灣環島#7天6夜環島#機車環島#台灣旅遊#台灣環島之旅#台灣人情味喔表#我愛台灣#78
哈・回覆・1年

Grace Chang
的確過了東港空氣就差了
讚・回覆・50週

許承宇
明天除了大鵬灣 幾乎不會有景點過東港大橋,再過雙園大橋(連接屏東新園和高雄林園)就是高雄了 在橋上別被對岸的景色嚇到,晚上景象更是恐怖,小港前的台17沿線,都是重工業聚落.中鋼台船,唐榮,李長榮都在這裡,高雄帶動台灣經濟奇蹟,卻把重汙染留在高雄.市區太方便 吃住都不是問題 請繼續加油喔
讚・回覆・50週

> **So Tzeng**
> 許承宇 謝謝學長資訊！
> 讚・回覆・50週

林秋陽
少年吔！加油*24
讚・回覆・50週

曾雲華

讚 · 回覆 · 1年

Lynn Chang
每天都有滿滿的熱情款待，好棒 👍👍👍
讚 · 回覆 · 1年

Silvia Shi
每天都跟著你旅行
讚 · 回覆 · 1年

紀秉誠

讚 · 回覆 · 1年

楊秉豐

讚 · 回覆 · 1年

Spencer Yao
西海岸夕陽落日很美 ~
可以調配一下時間漫步夕陽中
讚 · 回覆 · 1年 · 已編輯

> So Tzeng
> Spencer Yao 謝謝姚Sir 建議.
> 讚 · 回覆 · 1年

謝依珊
羨慕吃到芒果跟冰沙 🙏
讚 · 回覆 · 1年

Towind Liu
嗯......慢慢接近......台南~
228連假，可以來個巧遇！
讚 · 回覆 · 50週

簡鈺人

讚 · 回覆 · 50週

匡莉玲
走一大半了!
讚 · 回覆 · 50週

Serena Lin
天啊 ~ 一眨眼已是第24天！！
感覺你才出發沒多久 ~ 時間真是奇妙啊！
學弟對每天時間流逝的感受又是如何呢？
讚 · 回覆 · 49週

> So Tzeng
> Serena Lin 每個人每天都有24小時, 在這24小時裡面
> 要為生活留下什麼樣的紀錄, 每天都是抉擇.
> 讚 · 回覆 · 49週
>
> Serena Lin
> So Tzeng 這段徒步繞台灣的期間，跟以前在都市生
> 活的時間感？是快還是慢？ 我很好奇
> 讚 · 回覆 · 49週
>
> So Tzeng
> 走路的方式看似很慢, 但時間過的感覺很快. 慢即是
> 快, 快即是慢.
> 讚 · 回覆 · 49週
>
> Serena Lin
> So Tzeng
> 慢即是快，快即是慢 ~ 好 Zen 🙏
>
> Serena Lin
> 真的是一步一腳印
> 大心 · 回覆 · 49週
>
> 回覆......

蔣立琦
又有朋友招待❤😎真好真好！南台灣艷陽高照😎天空好
藍喔
讚 · 回覆 · 49週

Alex Lee
😮‼️🍻讚🍴
要經過我的故鄉 萬丹 嗎？
還是你要直切去高雄了！
讚 · 回覆 · 50週

> Alex Lee
> 台17線就會直接切去高雄，不會經過我的故鄉萬丹
> 了！加油 🚶 加飯 加水
> 讚 · 回覆 · 50週

282

林邊－高雄 36km

今天就要離開屏東進入高雄了，在上到雙園大橋的時候，遠遠的看到高雄那端滿是煙囪的景象，感覺上像是科幻電影的場景，我就像是要準備進入工廠工作的礦工，獨自走在漫長的雙園大橋上，如果走上雙園大橋的人有一個簽名本，我應該可以排很前面。雙園大橋真的很長，感覺上比南迴公路的金崙大橋還長，可能是今天的天氣真的很熱，沿路一直補水。今天從雙園大橋下來之後進到高雄，看 Google 的導航最近的便利商店大概還有 4 公里，下橋不遠後，有一位騎車摩托車的騎士在我前面停下來，問我是順時針還是逆時針環島，就拿了一瓶冰水給我，我覺得他應該是在對面就已經看到我，然後特別去買水再繞過來拿來送我。

走到林園工業區的時候開始走沿海路，這條沿海路真的是有夠長，如果沒有走到小港，沿路也沒有可以補給的點，可是水已經喝完了……這時候另一個神蹟又出現了，我走到虹牌油漆的公司門口時，看見一台可口可樂的車子，我探進去一看，水喔！有自動販賣機ㄟ，又解決了我水的補給問題，真的感謝老天爺給我的安排。

進到市區之後，高雄市政府有在草衙道修了自行車專用道，

在下午 2 點之後太陽就曬不到，走起來也非常的舒服。不過連著 3 天走超過 34 公里的路，開始覺得累了！最後這 3 公里要到達今天晚上休息的地點，走的非常的吃力。

晚上跟嚕啦啦 28 期的于珊及她一對兒女，星星王子（閻永恒）及認識多年從台北下來高雄定居的朋友小賴（賴松吟）一起用餐，非常謝謝小賴的招待。

今天後段走的吃力，身體覺得累了，為了後面的行程可以順利，決定在高雄原地休息 1 天。

明天沒有行程喔！

↑ 林邊的名產，黑金剛蓮霧和
　石斑魚。

↗ 這個是國道三號林邊交流道。

→ 路過大鵬灣國家風景區。

↓ 要離開東港了。

↑ 在屏東種電好像是很熱門的
　 行業。

← 東港加油站裡面很有趣的藝
　 術造型。

↙ 東港加油站裡面的藝術造型
　 之一。

↓ 很有意思的地名 - 烏龍市區。

↑ 很長的雙園大橋 過去
　就高雄了。

↓ 高雄市這一端滿滿的
　煙囪。

↑ 在雙園大橋上準備跨入高雄市。

↓ 林園工業區，很長的沿海路。

287

↑下午後逆向的路邊都有
　遮蔭。

↓高雄的捷運車站小港站。

↑一位機車騎士專程給我的一瓶
　冰水，即時雨啊！

↓路邊公園裡面的區民活動中心。

↑ 高雄的候車亭造型。

← 到了小港之後好幾面這樣
　的看板。

↙ 高雄國際機場。

↓ 一株紫花風鈴木 相機不是
　太好 看不出顏色。

↑ 高雄的輕軌軌道。

↓ 徒步環島 Day 25 完成。

↑ 晚上住宿的地方看出去的高雄夜景。

↓ 謝謝今天來一起吃晚餐的高雄朋友，
閻永恒（星星王子），小賴（賴松
吟），嚕啦啦 28 期于珊及一對兒女。

留言板

George Lee、龔楷元和其他359人　　　51則留言

👍 讚　　　💬 留言　　　↗ 分享

Tifer Lai
So San day 25 強！加油
讚・回覆・1年　👍1

李永淞
王子、小賴
我也要一起…
走S的…
哈・1年　😂3

　　Tifer Lai
　　李永淞 學長，高雄口以的
　　讚・回覆・1年　😂3

Isabella Chen
28期是于珊啦！
讚・回覆・1年　👍2

　　So Tzeng
　　Isabella Chen 已改,感謝喔！
　　讚・回覆・1年

　　Isabella Chen
　　于珊沒準備豆花來接隊！
　　哇・回覆・1年　😍2

　　黃于珊
　　Isabella Chen 海邊老闆娘很久沒營業了
　　讚・回覆・1年

孟潔
走了那麼遠的路，腳有起泡了嗎？臉擦防曬乳液，免得受傷🙏
大心・回覆・1年　👍1

曾雪華
加油　👍1
讚・回覆・1年

吳建德
可以到高雄市駁二特區逛逛，到西子灣看夕陽順便找一下國童學長，港期A勇士，加油
讚・回覆・1年　👍2

黃于珊
學長，加油🏃‍♂️💦
高雄的"熱"情真的是會讓人受不了的，難為學長的身心靈！趁著明天好好休息，也祝福接下來的每一步都能輕快無比，每天天氣都適合走路，有涼涼風。
大心・回覆・1年・已編輯　👍1

賴文森
已連好幾天當勇腳，一天走得比一天遠，不過說真的今天的場景沒有之前花東及屏東好，走起來應該比較吃力，接下來的路途遙遠，休息是為了走更遠的路，待續…
學長，加油🏃
大心・回覆・1年　💗1

李逢暉
看照片就覺得熱，學長還可以走30多公里…

大心・回覆・1年　💗1

Jennifer Lien
還是花東漂亮　👍1
讚・回覆・1年

劉仲俊
後天走那一條公路
讚・回覆・1年

朱聖和
本想在高雄等你，因有事上台北，沒這機緣跟你合影，留下記錄，星期日回高雄，看有沒有機會在路上巧遇
讚・回覆・1年　👍1

朱聖和
👍
讚・回覆・1年

顧雄豪
明天休息一天，當地找一間足浴店，給師傅好好按摩一下。放鬆、放鬆・・・
讚・回覆・1年　👍2

　　黃于珊
　　So Tzeng文和學長，本來也想這樣建議的，愛河旁有一間還不錯的。
　　不老松足湯高雄愛河館
　　80144高雄市前金區河東路2號
　　07 221 3777

謝依珊
你很厲害了，走了25天才喊累！明天好好休息😊
讚・回覆・50週　👍1

Janines Liu
人間處處有溫情　👍1
讚・回覆・50週

林俊傑
加油　👍1
讚・回覆・50週

Lynn Chang
好棒👍到高雄了。休息一下再走😊😊😊
讚・回覆・50週　👍1

李春和
嫛❤️回覆　👍1
讚・回覆・50週

留璦玉
休息是為了走更遠的路，好好讓身體休息吧！
讚・回覆・50週　👍1

林秋陽
加油👊*25 👍1 ···
讚 · 回覆 · 50週

Irene Lin
到高雄了嗎？有要繞到楠梓，到我家休息一下。 👍1
讚 · 回覆 · 50週

Benson Chen
So大，加油👊👊 👍1
讚 · 回覆 · 50週

陳柏芬
加油

Regina Chu
阿公這麼多年的助人，現在只是開始回收一點點而已！ 👍1
讚 · 回覆 · 49週

張淑芳
走這麼快！
來不及開車去陪走
什麼時候到嘉義？ 👍1

許承宇
明天找個地方 鬆一下 👍1
哈 · 回覆 · 49週

許承宇
高雄之歌
連續三天這樣子辛苦 走到眼淚都流下來 點一首高雄之歌
獻給學長
老師音樂請下
那想起高~雄 目屎就流落來 免掛意請妳放心 哇A阿木... 雖
然是孤單積累 雖然是孤單積累 A~A~A~ 哇也走到他鄉的
積累省都 不過我是真勇健A SO大請你也保重
https://youtu.be/COmf4pN9TKg

▶ YOUTUBE.COM
葉啟田-媽媽請你也保重.mpg 💗1
大心 · 回覆 · 49週

Ray Yao
老大加油👊 💗1
大心 · 回覆 · 49週

Mars Hsieh
萬害萬害，繼續加油～～

Alex Chu
So 大加油👊 👍1
讚 · 回覆 · 49週

紀秉誠
休息是為了走更遠的路，加油!👍👍👍 👍1
讚 · 回覆 · 49週

Linda Wu
學長明天幾點從哪裏出發？ 👍1
讚 · 回覆 · 49週

So Tzeng
Linda Wu 請參考FB訊息。 👍1
讚 · 回覆 · 49週

Linda Wu
So Tzeng 好喔……明天早上見
讚 · 回覆 · 49週

區莉玲
加油喔！ 👍1
讚 · 回覆 · 49週

蔣立琦
以為西海岸沒啥特色、在So大的鏡頭下仍有許多趣味場
景！天氣熱啦！注意多喝水喔💗😘 👍1
讚 · 回覆 · 49週

許承宇
蔣立琦 西海岸的風景是人 👍2
讚 · 回覆 · 49週

Randy Hung
連續三天34公里以上，這比戈壁還硬啊 👍1
哈 · 回覆 · 49週

Boyee Lin
很棒。 👍1
讚 · 回覆 · 49週

Athena Tsai
強強強!!! 👍1
讚 · 回覆 · 49週

林志豪
So Tzeng星期四是公休嗎？😄😄 👍1
哈 · 回覆 · 49週

So Tzeng
林志豪 不一定喔！
讚 · 回覆 · 49週

林夢萍
已經到高雄了，好快喔
讚 · 回覆 · 49週

簡鈺人
 👍1
讚 · 回覆 · 49週

Alex Lee
遲來的🙏 加油👊 Gogogo
讚 · 回覆 · 1年

高雄－路竹 35km

　　昨天休息了一整天,晚上在高雄市立圖書館附近閒晃,發現高雄的夜景真的非常漂亮,晚風徐徐走起來非常的舒服。

　　今早神清氣爽的上路,一早出發時有 3 位朋友來陪走,分別是嚕啦啦 22 期的美令跟他先生,以及犀星王子(閻永恒)。今天是 228 連假的第一天,清早的高雄看起來非常的慵懶,路上的車子不多,我們沿著高雄捷運的主線一路前進。經過了美麗島車站,高雄車站,愛河之心,林皇宮……在捷運的都會公園站附近便利商店休息的時候,高雄人的熱情再度演出,一位穿著還算時髦的小姐,看到了我背包後的牌子,說我想喝什麼都可以,她要請客。徒步環島這牌子又開始展現騙吃騙喝的魔力。

　　到了橋頭,橋頭有著名的橋頭糖廠,台灣民主先驅之一的余登發先生就住在橋頭老街裡面。中午的橋頭天氣非常的炎熱,嚕啦啦 19 期同期的仲俊已經備好飲料在橋頭老街等我。在吃完橋頭老街裡面有名的黃家滷肉飯之後,換由同期的仲俊陪走。仲俊是崗山在地,一邊走一邊說明的這個地區的現況,走起來就很有身歷其境的感覺。岡山的工業裡面最有名的就是螺絲,因此岡山本洲工業區路口的意像就以螺絲為主題。

　　今天路上還有一個很特別的地方 - 台灣滷味博物館，趁著今天下午太陽小了點走路還有點風，我們繞進去參觀了一下，買了滷味和啤酒在博物館小憩一下。因為傍晚的天氣還不錯所以今天就多走了幾公里到大湖車站，再從車站坐火車回岡山同期仲俊家休息。

　　晚餐當然要來試試岡山最有名的羊肉爐，感謝嚕啦啦同期仲俊陪走請吃還招待住宿。

　　明天預計從岡山搭火車回到大湖車站，然後再走到正統鹿耳門廟。

↑高雄市立圖書館夜景。

↓高雄美麗島車站。

↑一早來陪走的星星王子。

↓一早來陪著走的嚕啦啦
22 期美令和她先生。

295

↑ 高雄林皇宮。

↓ 走在高雄的機車地下道像
　是在走蘇花公路的隧道。

↑ 高雄建案前的藝術造景。

↓ 警察廣播電台在高雄。

↑ 橋頭捷運站的彩虹橋。

↓ 橋頭老街上余登發先生故居。

↑ 橋頭老街有名的黃家肉燥飯。

↓ 謝謝港期仲俊的午餐招待。

↑岡山工業的代表：螺絲。

↓在台灣滷味博物館一與
　嚕啦啦 19 期劉仲俊。

↑岡山市區的日治時代水塔，
　可惜目前沒有保存的很好。

↓岡山黑糖家。

↑大湖車站。

↓今天晚餐的餐廳。

↑岡山車站。

↓岡山車站外有趣的
廣告招牌。

299

↑岡山有名的羊肉爐。

↓沙茶羊肉。

→徒步環島 Day 26 完成。

300

f 留言板

George Lee、龔楷元和其他380人　　40則留言

👍 讚　　💬 留言　　↗ 分享

蔣立琦
果然東岸有美景 💜
西岸有好友 😎　...
讚 · 回覆 · 1年 👍😍 2

曾雪華

讚 · 回覆 · 1年 1

陳歝妥
歡迎到中部！😎😎😎
讚 · 回覆 · 1年 1

Mars Hsieh
走台1省道喔，可惜沒走台17線，已經過悼官了，不然可以招待小薇老師家的成記烤鴨，吃了再上！
讚 · 回覆 · 1年 · 已編輯 1

Alex Lee
湖內鄉 也是我爸故鄉
小時候我住過一陣子！
讚 · 回覆 · 1年 1

Alex Lee
讚👍 加油🏃 加飯 加水 Gogogo
讚 · 回覆 · 1年 1

Janines Liu
時髦小姐招待什麼呢？
哈 · 回覆 · 1年 1

　　So Tzeng
　　Janines Liu 內文已修正。
　　讚 · 回覆 · 1年 1

　　Janines Liu
　　Coffee? Tea? Or her😊? 翻譯年糕 · 1年

簡國章
經過我家了，但我不在家！
大心 · 回覆 · 49週 1

賴文森
果然西部的風情與東部差很大，連廣告看板都很吸睛，不過最讓我好奇的也是時髦小姐嗎？及招待什麼呢？因為這跟東部的劇情演得不一樣，吊人胃口啊！
學長，加油🏃
哈 · 回覆 · 49週 1

　　So Tzeng
　　賴文森 內文已修正。
　　讚 · 回覆 · 49週

　　賴文森
　　So Tzeng 最佳男主角有修正好像沒差多少吔？東部臨時演員都會入鏡為何時髦小姐未入鏡😊😊😊
　　哈 · 回覆 · 49週 1

Jessica Chang
原來崗山有帥哥跟螺絲🌀 期待台南美食！
讚 · 回覆 · 49週 2

George Lai
學長，請問時髦小姐對你做了什麼事？
哈 · 回覆 · 49週 1

　　So Tzeng
　　George Lai 請參考修正內文。
　　讚 · 回覆 · 49週 1

林秋陽
加油🏃 *26 1
讚 · 回覆 · 49週 1

高玉瑛
有些事是：
可做不可說
可說不可做 1
大心 · 回覆 · 49週

李逢暉
西邊真的不太熟，好好做筆記～
讚 · 回覆 · 49週 1

Tifer Lai
So day 26 加油🏃！
讚 · 回覆 · 49週 1

雷宗憲
冈山羊肉爐，贊啦！
讚 · 回覆 · 49週 1

雷宗憲
讚 · 回覆 · 49週

林俊傑
加油
讚 · 回覆 · 49週

大頭
恭喜絕對過半😊 1
讚 · 回覆 · 49週 1

Irene Lin
天啊，我怎麼不知道高雄長這樣。可愛的故鄉
讚 · 回覆 · 49週 1

劉啟鴻
學長要走台1經市區轉台17嗎？
讚 · 回覆 · 49週 1

　　So Tzeng
　　劉啟鴻 對！ 1
　　讚 · 回覆 · 49週

Talun Sung
我和Helen 剛好來台南玩，雖然沒辦法陪走，但想和你照相紀念，你會走台1轉台17 還是一直走台1？
讚 · 回覆 · 49週 1

　　So Tzeng
　　Talun Sung 走台1經市區轉台17。
　　讚 · 回覆 · 49週

　　Talun Sung
　　Thanks, 這麼早起，有機會找到你！好興奮，雙胞胎跟我們一起，她們聽Helen 說，都很期待！

Silvia Wu
港期讚 👍 1
讚 · 回覆 · 49週

許承宇
翻開今天的路徑 滿滿古蹟和美食 奇美博物館 台南機場 眷村聚落 台南孔廟 1932開幕的林百貨 鄭成功文物館 台南運河 鹿耳門,台南美食數不完沿線可選擇,國榮肉燥飯,鄭記碗粿,松村煙燻滷味,友誠蝦仁肉圓,旗哥羊肉湯,其中莉莉水果店旁的福記肉圓是心目中的第2名肉圓.記憶中超過35年的強推好滋味,旗哥羊肉湯因為是一日單車挑戰系列的必經之地,騎完台南身心俱疲.它的美味會被無限倍數放大.但我還真沒在平城時期吃過呢!
讚 · 回覆 · 49週 · 已編輯   👍 1

Lynn Chang
時髦小姐應該是看So長相比較老實 😂😂
哈 · 回覆 · 49週   😆 1

Linda Wu
謝謝讓我們參加了你的奇異旅程 ~ 繼續加油!
讚 · 回覆 · 49週   👍 1

江江
還特別說明時髦的小姐…哇嗚!人帥真好
哈 · 回覆 · 1年

Yihwen Lin
看起來真的很熱!
讚 · 回覆 · 1年   👍 1

李春和
文和 辛苦了,成 - .,加油~
讚 · 回覆 · 1年   👍 1

黃于瑁
學長、加油! 💪
讚 · 回覆 · 1年   👍 1

劉傑
你錯過了我高雄西子灣到柴山的這一段
讚 · 回覆 · 46週

閻永恒──和 So Tzeng ·
2020年2月28日 · 👥   ···
我這位朋友So正在步行環島,行經高雄,我今早陪他走兩小時,八個捷運站,差不多7.5公里。
他已經走了東海岸了,現在要完成西邊,這直要有絕大意志力來完成,他說刺破水泡都是樂趣,尤其是水泡中的水泡!
So 加油,繼續努力!
我貼的照片是出發一張,中途經過愛河之心,以及在生態區區站一張,茲證明我也完成他今天將近三分之一的路程!

劉仲俊   ···
2020年3月1日 · 🌐
前天來當徒步環島主角第26天下午的陪客。從岡山走到大湖,平時一個星期會維持一次跑步,健身一次,原以為走路是小事,
但是走了一個下午,當時不以為意,隔天竟出現抽筋疼痛,但主角走了26天,還負重約20公斤,腳底也走出了水泡,走路已有了些踉跡,卻維持不變的頻率向前行走,只為了履行自行曾下的承諾,
想著,光是腿部抽筋,水泡就會把人擊垮,還得負重持續維持意志,一人往前行走,沒走這一小段,都忘了當兵時的磨難,
同期的文和,人稱曾董,有著生活富裕無虞的背景,確可行經磨難的苦行之旅,好樣的!

路竹－正統鹿耳門聖母廟 28km

　　一早從岡山火車站坐的火車回到大湖車站後，開始今天的行程。

　　今天還是假日所以路上的車不多，原本以為路竹旁邊的大湖很偏僻，發現這邊因為是屬於工業區，所以有很多的外勞。路上可以看到很多外勞騎著電動自行車，聽說很多都是自己修改的，真的很厲害！

　　經過太爺之後上到二層行橋，台南就到了，首先映入眼簾的是嘉南藥理大學，過了高速公路橋下後就看到這幾年很夯的奇美博物館，也就是台南都會公園，整個園區非常有歐洲莊園的風味，裡面的收藏聽說也很珍貴只可惜今天沒有多餘的時間入內參觀。

　　經過了奇美博物館之後沒多久，第一個來陪著的朋友就出現：嚕啦啦 19 期楷元，趁著休假從桃園坐高鐵下來陪走。走著走著，第二位陪走的朋友也出現了：台大 EMBA 第 13 屆戈壁挑戰隊 B 隊的隊長：曾崇育。然後當地地陪也出現：嚕啦啦 21 期學妹美文。難道今天是公訂的陪走日嗎？

　　來到台南當然要試試台南當地的美食，不過食量有限，21 期學妹美文領路試了冰棒，肉燥飯和鮮魚湯。其他的就等環島

後有機會來的時候，再好好的品嚐吧！台南的天氣也很熱，中午的太陽跟昨天一樣大。還好今天路程安排不是太遠，雖然太陽很大，一路不少路段有樹蔭還有涼風。中午和戈 14 的大崙學長夫婦及小育隊長家午餐後，最後一組陪走的人加入：嚕啦啦 18 期哲良學長，很快 4 點多就走到今天的目的地 - 正統鹿耳門聖母廟，鹿耳門聖母廟非常的富麗堂皇，門口有兩尊非常高聳的千里眼和順風耳，看起來廟裡的香火鼎盛。

　　晚上睡在救國團嚕啦啦 18 期哲良學長家裡，娃娃學嫂準備了一桌好菜來招待我！ 19 期瓊玉也從雲林來會合，橘情滿天下再次展現。

　　明天預計到達國聖燈塔，完成四個極點燈塔的第四個，然後到佳里。

↑一早從岡山車站坐回大湖車站。

←這一個地區的外勞很多，所以路
上有很多這樣的商店招牌指示。

↙ 我現在的膚色應該非常適合擁有
這一家餐廳。

↓連結高雄和台南的橋樑之一 二
層行橋，過橋就是台南了。

↖ 到台南市了。

↑ 嘉南藥理大學：全台9所
　有設立藥學系的學校之一。

← 奇美博物館前的華麗造景。

↓ 奇美博物館。

306

↑ 遇到一位 2 月 10 日出發的逆時鐘方向環島同好。

↓ 聽嚕啦啦 21 期美文介紹說是台南市最有名的土地公廟。

↑ 今天陪走的成員之一台大 EMBA 第 13 屆戈壁挑戰隊 B 隊隊長：曾崇育。

↓ 以前來台南出差最愛買的松村滷味伴手禮。

↑ 準備前往孔廟前的林蔭小道 - 府
中街假日市集，漂亮閒適。

↓ 今天陪走團的嚕啦啦成員，嚕啦
啦19期楷元＆嚕啦啦21期美文。

↑ 今天陪走團的成員曾崇育（左），
嚕啦啦19期楷元（左），後來楷
元也在同年完成分段徒步環島。

↓ 台南特有的成功啤酒。

↑ 移民署的辦事處。

↓ 天陪走團最後一位加入的成
　員：嚕啦啦 18 期哲良學長。

↑ 生產銷售龜鹿二仙膠的公司。

↓ 正統鹿耳門聖母廟的千里眼。

309

↖ 正統鹿耳門聖母廟的順風耳。

↑ 謝謝學長姐的熱情招待：嚕啦
　啦 18 期哲良學長，娃娃學嫂，
　嚕啦啦 19 期瓊玉 & 楷元。

← 徒步環島 Day 27 完成。

f 留言板

George Lee、龔楷元和其他355人　　22則留言

👍 讚　　💬 留言　　↪ 分享

吳建德
好好享受噠家人的熱情，港期的勇士，加油
讚 · 回覆 · 1年

吳建德 …

讚 · 回覆 · 1年

Sean Pan
到這裡都還是台17嗎？So老大 不好意思 問了個外行的問題～
讚 · 回覆 · 1年

> **So Tzeng**
> Sean Pan 昨天是台1台17交錯行.
> 讚 · 回覆 · 1年

> **Sean Pan**
> 好的 謝謝啦……
> 讚 · 回覆 · 1年

江江
到處都有好友陪伴,真的是大大最大的財富...
讚 · 回覆 · 1年

賴文森
今天臨時演員的陣容依然堅強，So大男主角真是朋友滿天下，台南真是廟宇鼎盛，佔滿今日的場景，期待明日的劇情，第四塔-國聖燈塔到手
學長，加油
大心 · 回覆 · 1年

曾雷華

讚 · 回覆 · 1年

黃于瑋
學長，加油！
讚 · 回覆 · 1年

許承宇
明天路線很長 實際上推不多 沒有走回佳里也沒有住宿點 為了國聖燈塔 這樣的安排很合理.一路上都是魚塭和鹽田.預祝第四極點挑戰成功
讚 · 回覆 · 1年

陳柏芬
讚 · 回覆 · 1年

Tifer Lai
So San day 27 強，加油！
讚 · 回覆 · 1年

林秋陽
加油 *27
讚 · 回覆 · 1年

Serena Lin
學弟, 記得塗防曬油哦～ 19期小生變黑了
讚 · 回覆 · 1年

邱信森
強強強,每天等您更新訊息.
讚 · 回覆 · 1年

謝依瑾
人緣太好了啦
讚 · 回覆 · 1年

陳賜郎
同學您真棒 啊！走到台南府城，文化之都。加油
讚 · 回覆 · 1年

李逢暉

讚 · 回覆 · 1年

陳美文
學長加油！
讚 · 回覆 · 1年

李春和
文和成 - 加油～
讚 · 回覆 · 1年

Alex Lee
我唸過 大湖國小啊！
曾桑 ！加油 加飯 Go！
讚 · 回覆 · 1年

Lynn Chang
水喔！加油
讚 · 回覆 · 1年

龔楷元——和 Wawa Chang 及其他 2 人。
2020年2月29日 · 🌐

好朋友 文和 徒步環島圓夢.
2020.02.29 閏二月，特別的一天.
今天搭高鐵到台南段走約20km，也圓了自己小小段徒步環島的夢.

是我陪 文和 徒步環島嗎？ 其實不然.
是 文和 觸動了大家內心深處的夢.

我們不需要很會，才開始編夢，
只要我們開始，就能讓夢想有實現的一天.
就從「一」開始吧！

文和 計畫42天完成，
我可以分段排定每個周六日，
分42週來逐步完成，
都同樣是徒步環島夢想的實現.

**謝謝哲良學長，娃娃學姐，總是給了我們家的歸宿及國宴級的饗宴.
**謝謝蔡宗龍同學，從台南高鐵站一路沿著台1線追人，終於在奇美博物館堵到文和.

正統鹿耳門聖母廟─國聖燈塔─佳里 33km

今天的重頭戲是國聖燈塔，先前做行程資料資訊彙整的時候，因為兩旁都是魚塭，路上也沒有什麼補給，為了避掉中午大太陽的時間，還特別提早了一點點時間出門。

從五路財神廟接上昨天出發的路線，首先要過曾文溪上的國姓橋，從橋上往下看曾文溪裡，可以看到很多蛤蠣的棚架。七股有七寶，分別是牡蠣，文蛤，白蝦，虱目魚，石斑，烏魚以及吳郭魚，以濱海公路為界，在濱海公路靠海這邊就是海水養殖，另外一邊是淡水養殖。進到七股之後就是沿路魚塭景色。從七股進到國聖燈塔單程需要 10 公里，來回就是 20 公里。偏偏我用 Google 導航又導錯路。總算還是到了國聖燈塔，國聖燈塔的周遭已經都被海沙包圍，再過幾年也許國聖燈塔的基座都會被沙淹掉，現在道路的末端進到國聖燈塔還有一段沙路要走。

留下記錄的照片之後，這次環島的四個極點燈塔就完成了，可是路程還沒完成……在我要走回台 17 公路的路上，有一位年輕人開著車在鄉道路口等我，他一早就看我在七股這一區裡面，怎麼中午了還在這一區魚塭閒晃，原來這位小哥以為我迷路了，要幫我指點一條明路。

回到台 17 線上後，發現一台銀色轎車停在前面路邊，我走

過去的時候有人叫住我，先生你環島喔？從哪裡來？台北，說著說著拿了兩個蚵嗲要請我吃，先生補一下喔！走路很辛苦啦！所以不是只有小姐會送補給我，手上滿是龍鳳的先生，也是會送東西給我吃的啦！

　　晚上在佳里休息，嚕啦啦 19 期的祥祐，特別從嘉義跨界來台南請吃晚餐，非常感謝啊！

　　明天預計走到新營。

↑早晨天還沒有亮就從哲良學長家裡出門。

↑曾文溪上面的國姓橋。

↓從國姓橋上面看曾文溪。

→從國姓橋上往下看曾文溪 —
　個正悠閒的在釣蝦子的釣客。

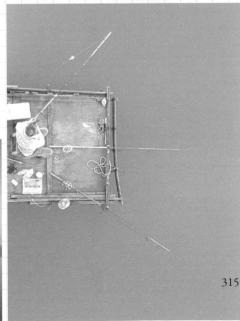

315

↑ 曾文溪上的牡蠣架。

↓ 路旁民舍前已經整理
　好後的牡蠣架。

↑ 距離國聖燈塔還有 13.35km。

↓ 往國聖燈塔路上，這一顆是我自己命名
　的老金城武樹，因為頭髮經掉光了……

↖ 一大早就在挖牡蠣海女。

↑ 國聖燈塔就在南灣遊憩區裡面,整條路都沒有什麼遮蔽。

← 在遠一點的地方回頭看西濱快速道路。

↓ 魚塭區裡面的引水道也是掛滿了牡蠣架。

317

↑ 這裡原是曾文溪氣象站。

← 在這一段路有路走到沒路。

↙ 太陽很大，在魚塭池旁邊釣
　　魚的人還不少。

↓ 在南灣遊憩區裡面有帶人到
　　七股潟湖參觀的船。

↑第四個極點燈塔入手 -
　國聖燈塔。

↓在採收牡蠣的漁夫。

↑這一張照片就可以看到國聖燈塔底下已
　經被沙掩蓋，管理單位用消波塊來阻擋。

↓這位小哥是南投人到台南七股魚塭工
　作，早上就看我在七股中午看到我還在
　七股，以為我迷路了。

319

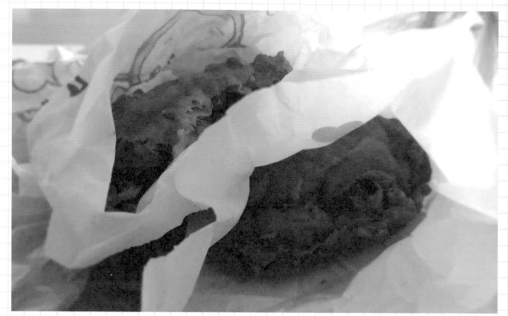

↑手上滿是龍鳳的大哥送給我的蚵嗲。

↓徒步環島 day 28 完成。

↑要進到佳里了，也就是今天晚上休息的地方。

↓謝謝嚕啦啦同期祥祐從嘉義跨界來台南請吃晚餐。

320

f 留言板

😊❤️😆 George Lee、龔楷元和其他364人　　49則留言

👍 讚　　💬 留言　　↗ 分享

李逢暉
跨界的受歡迎喔 😊 ⋯
讚·回覆·1年 👍1

Alice Huang
這個極極西點極熱門，學長若要挑戰虎井嶼，約我約我喲！
讚·回覆·1年 👍1

陳柏芬
今天的風景很美！
讚·回覆·1年 👍1

Kelly Chen
剛跟阿嬤看完你的紀錄照 😊😊，津津樂道～
讚·回覆·1年 👍1

> **So Tzeng**
> Kelly Chen 謝謝姿穎!
> 讚·回覆·1年

吳建德
恭喜本島四大極點的燈塔收入口袋，接下來好好欣賞台灣西岸之美，加油
讚·回覆·49週 👍2

林俊傑
加油 👍1
讚·回覆·49週

江江
人長得誠懇真好⋯男女通吃!
讚·回覆·49週 👍2

楊嘉華
我娘家在佳里耶 你住哪裡？
讚·回覆·49週 👍1

> **So Tzeng**
> 楊嘉華 萊茵河.
> 讚·回覆·49週 👍1

江江
Before Day2/After Day28

大心·回覆·翻譯年糕·49週 😊❤️9

> **So Tzeng**
> 江江 謝謝妳這麼用心對照!
> 讚·回覆·49週

Mini Joe
我現在每天晚上都在等曾董的遊記，看著遊記，彷彿自己有一雙翅膀跟在旁邊欣賞，曾董加油 😊
讚·回覆·49週 👍4

> **陳柏芬**
> Mini Joe 真的！像八點檔連續劇一樣！
> 哈·回覆·49週 😆3
>
> **Mini Joe**
> 陳柏芬 沒看到會睡不著！
> 哇·回覆·49週 😊😊4
>
> **謝露玲**
> Mini Joe 哈，我是怕他寫一半不小心睡著。
> 讚·回覆·49週 😊
>
> **古源淦**
> 也是每天必看啊！
> 讚·回覆·49週 👍1

賴文森
今天的布景是西岸特有的景色-魚塭池、牡蠣架，不過今天天氣看起來很好，走起來一定很熱吧！難怪連刺龍刺鳳的大哥都對你佩服不已，請你吃蚵嗲
學長，加油
大心·回覆·49週 😊😊2

Chia-Ling Lee
快要滿月了耶 😊😊😊
哈·回覆·49週 😊2

鄧淑君
變成小黑人了，加油 😊
哈·回覆·49週 👍1

黃于珊
學長，加油哦！
讚·回覆·49週 👍1

徐佳馨
學長好讓人佩服 👍 加油囉 😊
讚·回覆·49週 👍1

紀秉誠
🐶💥
讚·回覆·49週 👍1

李春和
文和 成T 加油～～
讚·回覆·49週 👍1

Tifer Lai
So San day28 加油 😊
讚·回覆·49週 👍1

林秋陽
加油 😊*28，這一段魚池多，令人手癢
讚·回覆·49週 👍1

許承宇
出佳里後 左手邊百年老店 大腸粥曬一下 吃巧不吃飽,學甲虱目魚產量全台第1.永通虱目魚粥順路可到,穿越高速公路,新營就到了,明天還是很曬 最高溫28在下午兩點,請注意補水和防曬.台19景觀單調,若走小路少2.4K 不過都是魚塭更單調,回到台1線 為後天推進嘉義市做準備.學長加油

> So Tzeng
> 許承宇 謝謝學長資訊.
> 讚・回覆・49週

Shawn Chen
國聖燈塔那條路騎車都累，學長👍
讚・回覆・49週

> So Tzeng
> Shawn Chen 真的是去過的才知道!
> 讚・回覆・49週

Regina Chu
龍鳳哥~
讚・回覆・49週

Gene Wu
學長加油！！！！ …
讚・回覆・49週

Ann Tsai
痩大的旅程讓人看到台灣之美，包括風景跟人情！期待接下來的行程報導，加油😊順利！
大心・回覆・49週

蔣立琦
人間處處有溫情。走到哪兒都有熱情民眾請客啊❤️👍👍
大心・回覆・49週

Clare Chiu
每天追劇（So大台灣行腳😂），神遊台灣更長知識，加油😊
大心・回覆・49週

陳賜郎
同學，讚👍……周晴男教授 住 新營區新興醫院5樓，遠道者醫院會讓您探望，有時間可以去看看他。只是要在耳邊講話，或許他可以聽到。
大心・回覆・49週

Jo Tu
😍只能給予佩服與無盡的加油了😊
讚・回覆・49週

> So Tzeng
> Jo Tu 杜師傅很久沒有幫我累積哩程了!
> 讚・回覆・49週

> Jo Tu
> So Tzeng😊最近比較忙，我晚點一定幫你補上😊
> 大心・回覆・49週

> Jo Tu
> So Tzeng 就等你今天的里程數即可統計完成了😊✌️
> 讚・回覆・49週

劉啟鴻
學長今天走台17嗎
讚・回覆・49週

> So Tzeng
> 劉啟鴻 19甲接南69到新營.
> 讚・回覆・49週

Silvia Shi
今天的鏡頭有點孤寂
加油。學長
哇・回覆・49週

> So Tzeng
> Silvia Shi 學姐這樣都看得出來?
> 讚・回覆・49週

> Silvia Shi
> So Tzeng 有用心好嗎！
> 大心・回覆・49週

Sam Wu
如果你會經過鹽水，推薦你去吃中山路阿姬鹽水意麵，如果是下午經過，還可以吃朝琴路昆伯臭豆腐及豆簽羹，還有中山路-八角樓是歷史古蹟及武廟關聖帝君，那是每年鹽水蜂炮的起點，值得一訪，加油😊
讚・回覆・49週

> So Tzeng
> Sam Wu 這一次路線沒有經過鹽水，記下來下次去.
> 讚・回覆・49週

　　今天第一次睡到鬧鐘叫醒，可能是昨天去國聖燈塔曬到昏頭。還好今天的路程沒有很長，一早出門的時候沒有太陽，想說老天爺是不是覺得應該給我一個舒適的天氣了，因為已經曬了好幾天。走沒有多久，看到一大一小揹著背包走過來，問了一下是徒步環島的嗎？對方回答是啊！聽他們的口音不像是台灣人，好奇的問了下去，原來是澳洲來台灣的華人，這一對父子到台灣來環島今天已經是第 28 天了，他們計劃花 60 天走完，看著他們父子倆的背影，有種莫名的感動！連海外的華人都來台灣徒步環島，我們自己更應該好好走一回。

　　進到麻豆市區之後，太陽就開始大了起來，看到麻豆一間老戲院 - 電姬戲院，當地人慣稱為「電姬館」，該戲院落成於日治時期的昭和 13 年 -1938 年「電姬館」中的「電」指「電影」，「姬」是從日文本義「公主」引申出「雍榮尊貴」之義。在耀眼的太陽光底下顯得非常的蒼涼。

　　麻豆最有名水果是文旦和柚子，所以在麻豆可以看到很多柚子園。麻豆這邊也屬於嘉南平原的一部分，因此藍天綠地是這邊很標準的畫面。中午休息後，接到嚕啦啦學弟 28 期的啟鴻來訊詢問目前位置，沒多久看到前面停了一台紅色轎車，學弟已經在我要走過的路上等我，送上一瓶冰涼的飲料，謝謝啟鴻。

　　走路的過程發現台南的鄉道都非常的漂亮，幾乎每條都可以說是綠色隧道，這樣的路騎單車應該非常的舒服。中午太陽雖然很大，但是每天到下午 4 點之後，涼風徐徐，走起來非常的舒服。傍晚時南下來台南開會的另外一位嚕啦啦 18 期永淞學長也在路上堵到我，謝謝學長在台南糖廠請我吃冰。

　　晚餐的時候，台大 EMBA 的郭乃華學姊，和永淞學長一起招待晚餐，非常感謝！

　　明天預計從新營走到嘉義。

↑一早從佳里市區走出來，天氣陰陰的沒有太陽。

↖ 一早的小吃部還沒有開始營業。

↑ 從澳洲來到台灣徒步環島的一對父子，他們今天第 28 天，我比他們多一天。
因為疫情關係，他們提早回澳洲，期待他們以後有機會來台完成未完的旅程。

← 一幅非常令人感動的畫面。

↓ 麻豆鎮上穿著清涼的模特兒。

325

↑ 路邊開花的黃花鈴木非常漂亮，
  映在藍色的天空好像一幅油畫。

← 麻豆鎮上一間有歷史意義的建築：
  電姬戲院。

↙ 在西部走路常常可以看到的畫面。

↓ 謝謝嚕啦啦 28 期學弟啟鴻的冰涼
  飲料。

326

↖ 看起來賞心悅目地台南鄉道。

↑ 路邊的乳牛。

← 路邊的乳牛旁邊看板說是瑞穗牧場，那應該是這些乳牛設籍在瑞穗，然後離家出走到麻豆來。

↓ 連提岸路都可以導航的 Google。

327

↑只有 Google 導航才會
　到這麼偏遠的路。

↓藍天綠地。

↑知名的音樂人：吳晉淮紀念碑。

↓台南的台糖園區。

328

↑台糖園區保存的小火車頭。
↓徒步環島 Day29 完成。

↑今天的晚餐：滷味小菜鴨肉麵。

↓謝嚕啦啦 18 期永淞學長＆台大
　EMBA 乃華學姐來加油打氣。

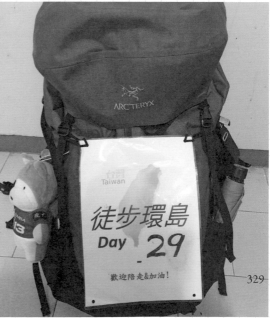

留言板

👍❤️ George Lee、龔楷元和其他383人　　　56則留言

👍 讚　　　💬 留言　　　↗️ 分享

吳建德
準備走台一線往嘉義走，還是要走台19經鹽水，嘉義朴子再往北港走呢？天天為你加油喔！
讚・回覆・1年　　　👍 1

Jo Tu
1~28天總里程數 839km+今天28km=目前統計雙腳總里程數為867km，明天有機會達到900km，請大家踴躍給予按讚支持。本週應可順利突破1000大關，加油🚶加油🚶加油🚶（修正版）
大心・回覆・1年・已編輯　　　👍❤️😆 5

> **So Tzeng**
> Jo Tu 謝謝杜老大.
> 讚・回覆・1年
>
> **Jo Tu**
> So Tzeng 細漢啦😊，不要折我壽😊加油喔🚶踏平西部的柏油路吧😊
> 讚・回覆・1年　　　👍 1
>
> **江江** 杜大在Day7 少算了2公里喔😊😊...我目前累計是867😊😊
> 讚・回覆・49週　　　👍 1
>
> **江江**
>
> 讚・回覆・49週　　　👍 2
>
> **Jo Tu** 江江 😊😊看他走所以我累了😊✌️公里的確心算錯誤171＋22＝193我算成191😊感謝糾正
> 讚・回覆・49週　　　👍 2
>
> **江江** Jo Tu 我是他前前前...公司的部門助理...應該沒有算錯😊😊
> 讚・回覆・49週
>
> **江江** Jo Tu 電腦算的啦!
> 讚・回覆・49週
>
> **Jo Tu** 江江 三爽時期嗎😊
> 讚・回覆・49週　　　👍 1
>
> **So Tzeng**
> 感謝二位！
> 讚・回覆・49週
>
> 😊 回覆......　　　😊 😊 📷 🎬 🎁

Tifer Lai
So San day 29 加油🚶！👍 1
讚・回覆・翻譯年糕・49週

林俊傑
加油👍 1
讚・回覆・49週

黃于瑄
學長，加油！👍 1
讚・回覆・49週

李永淞

哈・回覆・49週　　　👍 4

李春和
文和 你辛苦了！成T,加油～～
讚・回覆・49週　　　👍 1

李永淞

讚・回覆・49週　　　👍❤️ 11

李永淞 ・・・

讚・回覆・49週　　　👍😊 9

> **童建勳**
> 李永淞 厲害的背影
> 讚・回覆・49週　　　👍 1
>
> **Benson Chen**
> 李永淞 學長真有心！！
> 讚・回覆・49週

李永淞
Benson Chen
專程路過，陪走換陪吃！
讚・回覆・49週

閻永恒
李永淞 背影太假……
讚・回覆・49週

李永淞
閻永恒 欲走還留…
讚・回覆・49週

王意中
哇！歡迎文和來到我的故鄉，台南麻豆。
我6個姐姐都在麻豆出生，唯獨我和八妹在三重埔出生長大。
我們就在中央市場附近。
我許多的親戚都還在這裡呦。
超有感。

讚・回覆・49週

王志傑
王意中 兄，我大學有位同學也是麻豆人，說不定是你親戚。他媽媽之前是省議員，後來當立委，還和陳唐山競選過台南縣長，結果是陳唐山當選，開始民進黨在台南執政。
讚・回覆・49週

王意中
王志傑 哈！我們親戚好像沒有當民意代表的耶

讚・回覆・49週

王志傑
王意中 我同學也叫王x中，所以我才猜是不是親戚。
讚・回覆・49週

王意中
王志傑 我們王家在我這一輩只有3個男生（另兩位是我堂哥），我家八分之一，只有我這個男生。
讚・回覆・49週

李永淞

讚・回覆・49週

Isan Ko
李永淞 兩位真的是老相好
讚・回覆・49週

李永淞
Isan Ko 千萬別說出去！
讚・回覆・49週

陳柏芬

讚・回覆・49週

Mini Joe

讚・回覆・49週

賴文森
男主角的救癒來愈濃，可想而知南台灣連太陽公公都特別熱情，年度大戲-So大遊台灣真的紅到國外去了，連澳洲的華人都來加入臨演，還有財金大咖直屬學長淞哥也來加入演出，增加今日劇情的可看性。
學長，加油
大心・回覆・49週

李永淞
賴文森 我不是大咖啦！
專程路過…
讚・回覆・49週

Simone Kang
學弟，膚色來愈健康！
讚・回覆・49週

區莉玲

讚・回覆・49週

李逢輝
謝謝SO大介紹，西邊的台灣真的不太熱
讚・回覆・49週

Johnnie Wu
電姬戲院正如其名，三十年前播放的電影幾乎把人電得神魂顛倒，流淺香豔刺激，要不也必定在中場插播「短片」。
即便是板凳座椅也常有人一坐就是一整天。
(我在臺南麻豆偶瞥少年回憶)

大心・回覆・49週

江江
送給曾桑明天的滿月禮...867個加油及滿滿的回憶!加油希望你能無限延伸...

👍❤ 6

大心 · 回覆 · 49週

Amon Yang
多謝您今天帮我和儿子拍下那张背影的合影，非常喜欢！如果有机会跟您同行，我想一定可以收获更多的在地的知识与风情。儿子这几天被晒得不轻，情绪非常低落，今天途中遇到您，也是一个大大的鼓舞！祝您一切顺利。

👍❤ 5

大心 · 回覆 · 49週

曾雪華 ···

讚 · 回覆 · 49週

謝依珊
謝謝帶我們神遊台灣🖤🙏
👍 1
讚 · 回覆 · 49週

黃張維
So大，變的很黑金啊
👍 1
讚 · 回覆 · 49週

高其德
沒帶大吟釀慰勞一下
😆 2
哈 · 回覆 · 49週

Regina Chu
期待可以見到拍黑人問號的SO～
🐾 1
哇 · 回覆 · 49週

Natalie Kuo
台灣真的好美，謝謝So大讓我們看到台灣的美！
😆 2
大心 · 回覆 · 49週

王麗云
加油👊加油👊加油加油加油💪
👍 1
讚 · 回覆 · 49週

Alex Lee
讚👍！加飯、加水！
💧 1
讚 · 回覆 · 49週

蔣立琦
加油👊快一個月啦😋吃飽睡飽有精神
👍 1
讚 · 回覆 · 49週

潘瑞根
So Tzeng
照片拍的很有特色。而且篩選最具特色及代表性景物按下永恆，文和兄果然是才子。
💧 1
大心 · 回覆 · 49週

謝明慧
還有幾天完成旅程？
👍 1
讚 · 回覆 · 49週

　　So Tzeng
　　謝明慧 報告蟹老闆:表定還有12天.
　　讚 · 回覆 · 49週

林秋陽
加油👊*29 👍 1
讚 · 回覆 · 49週

張嘉玲
會長著實佩服👏👏👏
👍 1
讚 · 回覆 · 48週

郭家齊
加油 👍 1
讚 · 回覆 · 48週

　　今天的路線看起來像是遊覽車的行程，只不過這一台遊覽車是 11 路。一早和台大 EMBA 的學長謝育材博士約好在新營車站碰面，謝博是台南後壁人，因此這一段路將由他來當地陪幫我介紹。

　　昨天有提到台南的鄉道都非常的漂亮，今天路上看了另外一條台南的自行車道也真的是美得不像話，沒多久我們到了全台灣最大 7-11，這一間 7-11 除了便利商店之外，另外還有一大片公園，放了很多過去農作的器具，所以應該說是台灣土地面積最大的 7-11。

　　謝博特別幫我介紹這路上有一間黃家古厝，這是當年李登輝之友會全國總會會長黃崑虎的住宅。聽說李登輝來台南的時候都是住在這裡，這間古厝黃家人還住在裡面，但是他們有開放給外人來參觀。因為武漢肺炎的疫情，我們這一次沒有辦法進到裡面去參觀，只能在外面看看，下次有機會再來！接著到了後壁車站，後壁車站是目前保存原有木造建築相當完整的車站之一，看起來非常的古典美麗。

　　沿路行經的農田就是有名的無米樂社區，為了讓大家欣賞著一片美麗的稻田，台南市政府特別在這路段開闢了自行車道，

走在自行車道上可以無需顧慮路上的來車問題，慢慢地欣賞這一片美麗的稻海。走著走著到了台糖南靖糖廠，參觀了日光石頭博物館，目前展出聽說是擁有者收藏的 1%，可惜我沒有這方面的興趣。

接下來我們來到了白人牙膏觀光工廠，謝博介紹這一個觀光工廠非常有特色，重點不是牙膏的生產製作，而是裡面有一個將軍府，這個將軍府原來是在中國江西九江市鄱陽縣，白人牙膏為了回饋台灣的民眾，將整棟建築運回台灣，採用原樣建案至今已有一百三十餘年的歷史，裡面提供的咖啡和汽水飲料都是免費的喔！

今天的另一個重要的景點就是北迴歸線標誌，2 月 15 日的時候，我在花蓮舞鶴也經過北迴歸線標誌，嘉義這一個北迴歸線標誌已經到第五代了，最新的這一代標誌標誌有點像飛碟太空艙。

原訂今天的行程是到嘉義，但是因為里程數有點短又加碼到民雄，民雄住的地方不多，因此坐火車回嘉義住，明天一早再坐火車到民雄開始走。

感謝謝博今天的在地導覽和午餐招待。

明天計畫從民雄開始走向雲林。

↑一大清早的新營車站。

←今天擔任地陪陪走的台大 EMBA 學長：謝育材博士。

↙美麗的大排旁邊就是單車道。

↓這是全國地皮面積最大的 7-ELEVEN。

335

↖ 7-Eleven 旁邊的庭園。

↑ 這就是黃家古宅，李登輝之友會全國後援總會總會長黃崑虎的宅邸。

← 黃家古宅。

↓ 後壁車站外面的可愛娃娃造型。

↑保存原貌相當完整的後壁車站。

↓無米樂的稻田區。

↑承先啟後壁合珠聯。

↓無米樂社區入口。

337

↖ 已經離嘉義機場很近，所以常常就會聽到戰機飛過的聲音。

↑ 台糖的南靖糖廠。

← 白人牙膏觀光工廠。

↓ 白人牙膏觀光工廠裡面的將軍府一景。

↑ 將軍府的內部陳設情況。

← 將軍府展區內也有兵馬俑展示。

↙ 北迴歸線標誌區從第一代開始
　到第五代。

↓ 目前的北迴歸線標誌。

339

↑馬路上的北迴歸線標誌，分為
　熱帶區和亞熱帶區。

↓徒步環島 Day 30 完成。

↑嘉義車站。

↓民雄的舊地名：打貓。

340

留言板

你、George Lee、龔楷元和其他450人　　　34則留言

👍 讚　　　💬 留言　　　↗ 分享

彭信銘
恭喜滿月
讚・回覆・1年

黃于溱
學長，加油💪
三十天！太厲害了
讚・回覆・1年

Mini Joe
恭喜勇腳又突破新里程！
讚・回覆・1年

李達輝
看了30篇遊記了耶～大厲害了
讚・回覆・1年

江江
滿月！又剛好滿900公里！辛苦了...繼續加油!離家不遠了...預計原先的42天達標近了!回來可以出書了... " So大遊台灣 " 我先預訂一本!

讚・回覆・49週

Wawa Chang
今天又回到後壁了，真的好棒啊！
讚・回覆・49週

陳柏芬
鞋子還沒破，再接再厲！
讚・回覆・49週

Mini Joe
明天可以去民雄星巴克觀光！
讚・回覆・49週

賴文森
今天的滿月大戲原來是大咖謝博專程回故鄉來參加演出，讓劇情更加精彩，並充當地陪，從熱帶走到亞熱帶，還有公媽團遊覽車行程的古蹟巡禮，還滿親切的。
學長，加油
大心・回覆・49週

林俊傑
加油
讚・回覆・49週

林秋陽
加油*30
讚・回覆・49週

許承宇
菁寮老街很有的逛 很讚喔
讚・回覆・49週

Chia-Ling Lee
恭喜滿月
讚・回覆・49週

Tifer Lai
So San day 30加油！
讚・回覆・翻譯年糕・49週

Jennifer Lien
單車道距離有多長？
讚・回覆・49週

吳建德
準備到雲林了，加油
讚・回覆・49週

留瓊玉
沒錯，非常大間
讚・回覆・49週

曾雪華
文和：加油！
讚・回覆・49週

Alex Lee
加水！Go Go Go
讚・回覆・翻譯年糕・49週

Kuei Fei Wang
感謝:你深入的導覽,讓我們神遊!

讚・回覆・49週

蔡敬華
想到家了嗎？
讚・回覆・49週

謝依珊
今天的風景民俗文化好精彩，還有圖文解釋，好用心
大心・回覆・49週

Natalie Kuo
哇！好多景點都第一次聽到！
讚・回覆・49週

Regina Chu
連續劇已經開播一個月了了！
讚・回覆・49週

施海龍
嬰嬰嬰嬰
讚・回覆・49週

徐佳馨
超強的。可是謝博神采奕奕，so 大奄奄一息
哈・回覆・49週

341

Mars Hsieh
滿月～～賀 👍 1
讚 · 回覆 · 49週

紀秉誠
👍👍👍 1
讚 · 回覆 · 49週

高玉瑛
感覺快到台北了 😮 1
哇 · 回覆 · 49週

　　So Tzeng
　　高玉瑛 姊仔!還要11天.
　　讚 · 回覆 · 49週

李春和
文和 成工一 加油～～ 👍 1
讚 · 回覆 · 49週

Lynn Chang
好棒的地陪！謝謝 So 每天的分享😂😂😂 1
讚 · 回覆 · 49週

張玉輝
已到嘉義了，就快完成壯舉了 👍 1
讚 · 回覆 · 49週

簡鈺人

👍 1
讚 · 回覆 · 49週

嘉義民雄－雲林西螺
30km

　　一早從嘉義坐火車回到民雄，再從民雄車站出發開始今天的路程。

　　昨天走到民雄的時候，問了一下旁邊餐廳的老闆民雄這邊有沒有住宿的，老闆很直接的建議我，坐火車回嘉義住吧！所以昨晚我就住在嘉義了！

　　從民雄車站走出來沒有多久果然就看到民雄的星巴克，和肯德基以及真鮮3家非常大的店面串在一起，因為我沒有喝咖啡的習慣所以就只能路過星巴克。一路上還是可以看到很多保存得還不錯的舊式三合院建築，當然也有很多新的透天建築，新的建築應該都是這些老家在民雄出去打拼的兒女，衣錦還鄉的象徵。

　　到了斗南後，我決定走經虎尾的路線然後進到西螺，這部分就全都是鄉道，從台東上來之後經過高雄台南，就覺得走在鄉道是一件非常舒服的事情。虎尾的鄉道裡有很多毛巾工廠，知名的霹靂布袋戲總部也在虎尾這邊。歷史記載400年以前的虎尾溪的河道有6公里寬，號稱是雲林的母親河。因此路上有很多的標語寫著：母親河看見虎尾人溪，虎尾人溪看見過溪仔路。

　　溪湖的部分除了西螺醬油之外，過去最常讓人提起就是西

螺七崁和阿善師，今天經過的廣興路上有一個七崁雕塑公園，是為了紀念振興社創建人-阿善師，阿善師俠骨仁心，除教導居民習武外，更擔負起維護居民安全的責任，當時七崁居民 無不欽服。園內的大理石石碑，記載著西螺七崁的源流；七座銅雕，則各自施展不同的武術招式，藉此展現「阿善師」的精湛武藝。不過今天到公園的時候發現並沒有維護的很好，畢竟現在已經不流行北港六尺四了。

　　傍晚到了西螺延平老街，老街裡面有一個福興宮－西螺媽祖太平媽。我在裡面的時候發現沒有什麼香客，今天投宿的旅店房間裡的電視還是映像管的，真是非常的少見啊！

　　明天預計從西螺走到花壇。

↑ 一早再從嘉義坐火車回民雄。

← 星巴克肯德基和真鮮 3 家很大的門市並列。

↙ 民雄保存得非常完好的舊式三合院。

↓ 一群幼稚園小朋友到大林的草莓園校外教學。

345

↖ 大林（Darling）也是慢活城市，這和花蓮的鳳林是一樣的，都有蝸牛標誌。

↑ 這是大林的昭慶禪寺。

← 大林市場裡面有一位賣魚的小弟弟正在閉目養神。

↓ 這是大林的天后宮。

346

↑ 這座天后宮左右也有千里眼跟
順風耳，不過跟鹿耳門聖母廟
比起來真的是大巫見小巫。

← 過了石龜溪橋就要到雲林了。

∠ 準備進斗南了。

↓ 路上碰到一位郭章仁先生對徒
步環島也很有興趣，陪我走了
一段。

347

↑斗南田徑運動場。

→虎尾的鄉間小路裡面有很
　多毛巾工廠。

↓虎尾人溪看見過溪仔路。

↑母親河，看見 虎尾人溪。

←霹靂布袋戲總部。

↓準備進西螺了。

349

↑雲林的鄉道，下午沒有太陽，徐徐涼風走起來非常舒服。

↗ 西螺七崁雕塑公園。

↓這也是雲林的鄉道。

↑福興宮　西螺媽祖　太平媽。
↓今晚投宿旅社內的映像管電視。
→徒步環島 Day 31 完成。

351

f 留言板

Alex Lee
讚👍！🙏 加飯！
讚 · 回覆 · 1年　👍1

林俊傑
加油　👍1
讚 · 回覆 · 1年

李永淞

讚 · 回覆 · 1年　👍1

李永淞
他們都祝福你一切順利…🍷
讚 · 回覆 · 1年　👍1

吳建德
天天等待的手記，加油
讚 · 回覆 · 1年　👍3

吳建德

讚 · 回覆 · 1年　👍1

張力文
加油👍
讚 · 回覆 · 1年　👍1

Mars Hsieh
快回來開慶功記者會了！
哇 · 回覆 · 49週　👍1

> **Mars Hsieh**
> 今明兩天有鋒面通過，走鄉間小路應該比較安全，慢慢回北部囉
> 讚 · 回覆 · 49週

Mini Joe
今晚開始變天，全台有雨，請注意安全！
大心 · 回覆 · 49週　👍1

蔡仁傑
加油！　👍1
讚 · 回覆 · 49週

陳柏芬

讚 · 回覆 · 49週　👍1

黃于堣
學長，加油！💕👍1
讚 · 回覆 · 49週

杜建興
打貓　👍1
讚 · 回覆 · 49週

Janines Liu
今天是論古英雄😆
讚 · 回覆 · 49週　👍1

Lee Leu
加油!!　👍1
讚 · 回覆 · 49週

江江
喔喔!我本來想說星期五要去雲林出差應該有機會陪走一段，沒想到哥的腳程這麼快!
大心 · 回覆 · 49週　👍1

Lynn Chang
好快喔，已經31天了𝓛𝓛𝓛
讚 · 回覆 · 49週　👍1

曾雪華

讚 · 回覆 · 49週　👍1

Ann Tsai
西螺是我老爸的老家，我小時候還讀過那兒的中山國小呢！
大心 · 回覆 · 49週　👍1

區莉玲
早知你的行程的話，我應該請福興宮接待你的。

大心 · 回覆 · 49週　👍1

> **So Tzeng**
> 區莉玲 謝謝區姊!
> 讚 · 回覆 · 49週

陳淑娟
曾爸，不知你會不會大駕光臨民雄，否則可以去住我老家呢。
大心 · 回覆 · 49週　👍1

> **So Tzeng**
> 陳淑娟 謝謝淑娟!
> 讚 · 回覆 · 49週

賴文森
西螺七嵌這是多少年前的往事，還是當時的紅遍大街小巷的連續劇西螺七劍，阿善師唐山過海台灣來，相信不久的將來，So大遊台灣也應該紅極一時，為人津津樂道。
學長，加油👍
大心 · 回覆 · 49週　👍❤️2

陳美文
學長的環台日記好精彩呦，幫大家憶起好多曾經去過某某地的美好回憶，相信一定有好多漏網鏡頭來不及在日記上揭露，讓人看了意猶未盡呢！學長加油！
大心 · 回覆 · 49週　👍1

352

Regina Chu
每天看完，就很想說...可以劇透一下下一集嗎....（真的當連續劇在看）
讚 · 回覆 · 49週 1

李達暉
學長走好快喔，一天一縣市耶～ 🏃
讚 · 回覆 · 49週 1

許承宇
明早走上68年歷史的西螺大橋後 正式挺進彰化了喔
YA 加油
讚 · 回覆 · 49週 1

林秋陽
加油 💪*31 1
讚 · 回覆 · 49週

謝佐璠
今天南部天氣好好，台北又冷又濕！
今天的景點終於比較熟悉了，感覺你快回來了😆
讚 · 回覆 · 49週 2

Tifer Lai
So San day 31 加油 💪！ 1
讚 · 回覆 · 翻譯年糕 · 49週

許菁芬
延平是我最愛的老街
讚 · 回覆 · 49週 1

簡鈺人
1
讚 · 回覆 · 49週

卓上英
這2~3天是下雨天，學長請穿棧雨中用.....量子凌波微步，加油！
讚 · 回覆 · 49週 · 已編輯 1

林夢萍
再幾天就到新竹了呢😊
大心 · 回覆 · 49週 2

陳志忠 ···

讚 · 回覆 · 49週

鄭秀麗
這段路就是每年大甲媽的路線了，熟悉！
讚 · 回覆 · 49週 1

劉啟鴻
果然跟我說的一樣，民雄住宿難找😅 1
哈 · 回覆 · 49週

So Tzeng
劉啟鴻 火車往回坐很方便.
讚 · 回覆 · 49週 1

劉啟鴻
So Tzeng 對阿~西部幹線的電聯車超級方便
讚 · 回覆 · 49週

Eleanore New
So 大，一步一腳印，夢想即成真！
大心 · 回覆 · 49週 1

Jill Wang
我應該留在虎尾請你吃支糖廠冰棒的。加油 💪 1
哈 · 回覆 · 48週

So Tzeng
Jill Wang 社長可以在台北請我吃冰棒.
讚 · 回覆 · 48週

Jill Wang
So Tzeng 沒有問題，請高級 1點的冰棒
讚 · 回覆 · 48週

Lillian Lee
加油！ 1
讚 · 回覆 · 48週

紀秉誠
1
讚 · 回覆 · 48週

Ann Hsu
加油，就快完成了，你是神人，尊敬你 1
哇 · 回覆 · 48週

蔣立琦
加油 💪 1
讚 · 回覆 · 48週

雲林西螺－彰化花壇
30km

　　昨天晚上下了一場大雨，一早旅社大門外馬路很濕天色很黑，不過雨倒是停了。享用西螺有名的油蔥粿後，穿上雨褲就上路。住的旅社就在西螺大橋頭，很快的就看到紅色的西螺大橋的在眼前，西螺大橋，台灣公路橋樑，在日治時期稱濁水溪大橋，位於雲林縣與彰化縣之間，橫跨濁水溪下游，民國 41 年完工時，西螺大橋是僅次於美國舊金山金門大橋的世界第二大橋，也是當時全台灣最長的橋樑，被譽為「遠東第一大橋」，以前只有在路上看過西螺大橋從來沒有真正的從橋上過去，今天走在這一座具有歷史意義的橋樑上面，在橋中間看著濁水溪，心裡面非常的激動。

　　過了橋之後就是彰化，走台 19 線也就是彰水路，彰水路上有一個台灣穀堡，是由中興米 2010 年設立於埤頭鄉間的稻米觀光工廠。這些年來穀堡經過幾次改裝，現在的穀堡很有教育意義，很適合親子遊的好去處！由於早上一場大雨西螺大橋的路面有多處積水，我的鞋子也因此濕了，在台灣穀堡外面的攤位上，向一位阿姨借了電源，用我的隨身吹風機把鞋子吹乾。阿姨不僅把電源慷慨的借給我，知道我在徒步環島，還送了一包佛手柑給我。

　　離開穀堡沒多久，有位年輕的機車騎士在我前面停了下來，拿了水，咖啡和木耳飲料送我，說我的徒步環島喚起他一直想要出遠門的念頭，在寒冷的天氣裡瞬間感覺到熱血沸騰，是如此棒的一件事……

　　中午便利商店中餐時，嚕啦啦 21 期勝閔西裝筆挺帶著紅牛飲料來加油，接著一位年輕帥哥開著 Audi，在我前面下車，拿了一包一條根送給我，說我走路很辛苦。這一天下來不僅是有美麗的風景，還有濃濃的台灣人情味。

　　今天這條路線上還有一個溪湖糖廠，這個糖廠的規劃就比較好，類似花蓮的光復糖廠，還多了五分車可以坐。只可惜我沒有時間，今天的遊客也不多，下次再來吧！今天路程的後段，Google 大師又幫我導航到鄉道上面，在這沒有太陽的天氣走在鄉間小路上，哼著好一朵美麗的茉莉花，真是愜意啊！

　　晚上 EMBA105C 同學岑蔚學長和夫人一起從台中帶著新鮮水果到花壇來看我，感謝啊！

　　明天預計走到台中。

↖ 一早享用西螺蕭家油蔥粿當早餐。

↑ 西螺蕭家油蔥粿的店面。

← 在西螺大橋旁邊的 太平媽造型偶。

↓ 民國 41 年建造的西螺大橋。

357

↑ 走在西螺大橋上面。

← 從西螺大橋上面看濁水溪。

↙ 從彰化這端看西螺大橋。

↓ 離開雲林抵達彰化。

↖ 溪湖的縣道也很漂亮。

↑ 台灣穀堡。

← 台灣古堡裡面展示各國的米。

↓ 台灣穀堡裡面的穀倉。

359

↑ 說我喚醒他遠行意念的年輕人。

↗ 嚕啦啦 21 期學的勝閔，在台 19 線上找到我。

↓ 很大方把電源借給我，還送我佛手柑的阿姨。

↑ 溪湖糖廠內的小火車。

↗ 開著 Audi 跑車特別來送我一條根的年輕人。

↓ 嚕啦啦 19 期的執著。

361

↑ 溪湖糖廠。

↗ 鄉道上可以看見還沒有插秧的水田非常的漂亮。

↓ 我明明是到彰化來為什麼覺得好像到了大陸。

362

↑今天的目的地：花壇，茉莉花的故鄉。

↓專程從台中帶著滿滿水果來看我的台大 EMBA105C 岑蔚學長和夫人。

→徒步環島 Day 32 完成。

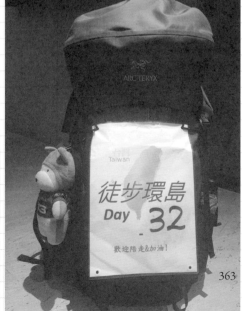

留言板

George Lee、龔楷元和其他365人　50則留言

讚　留言　分享

李逢暉
看起來好好吃喔，行遍台灣，吃遍台灣~ 1
讚 · 回覆 · 1年

陳柏芬

WINNER
1
讚 · 回覆 · 1年

吳建德

VERY
GOOD!
1
讚 · 回覆 · 1年

Chia-Ling Lee
學長沿路都有好人緣 2
讚 · 回覆 · 1年

Eric Chen
人情味滿滿！ 1
讚 · 回覆 · 48週

Elain Lin
哥哥會走進南投嗎？ 2
讚 · 回覆 · 48週 · 已編輯

宋慧慈
Elain Lin 想知道+1
讚 · 回覆 · 48週

So Tzeng
Elain Lin 不會喔！ 2
讚 · 回覆 · 48週

林志豪
好期待so大 能蒞臨新竹 1
讚 · 回覆 · 48週 · 已編輯

李永淞
有沒有經過草屯?這樣南投也走過了！
全台各縣市都有了⋯⋯ 3
讚 · 回覆 · 48週

賴文森
男主角今天的心情應該相當不錯喔！走在鄉間的小路上還可以哼著好一朵美麗的茉莉花，可能是今天的粉絲相當熱情，讓男主角忘記了旅途的疲累。今天又看到熟悉的場景-紅色顯眼的西螺大橋及穀保中興米，這只有So大遊台灣才有的場景。
學長，加油 4
大心 · 回覆 · 48週

黃于珊
學長，加油哦！ 1
讚 · 回覆 · 48週

Mini Joe
「好一朵美麗的茉莉花」今日最重點！ 2
讚 · 回覆 · 48週

劉韋廷
真的看完學長分享的心得，這輩子一定要跟學長一樣徒步走一次台灣!! 3
哇 · 回覆 · 48週

林志豪
劉韋廷 一起！ 2
讚 · 回覆 · 48週

劉韋廷
林志豪 一起出發，一起到達 1
讚 · 回覆 · 48週

So Tzeng
劉韋廷 要趁早! 1
讚 · 回覆 · 48週

劉韋廷
So Tzeng 好!!我知道，才走得到 1
讚 · 回覆 · 48週 · 已編輯

蘇宜守
加油。 1
讚 · 回覆 · 48週

彭信銘
遠境改期，不然真的會遇到。 1
讚 · 回覆 · 48週

Jennifer Lien
沿路上充滿溫暖的在地人，感動！！ 1
讚 · 回覆 · 48週

林俊傑
加油 1
讚 · 回覆 · 48週

曾雲華

1
讚 · 回覆 · 48週

陳偉創
明天回溪湖老家...可惜差這麼一天，不然就可在溪湖糖廠迎接學長&帶學長吃羊肉爐去。 5
哈 · 回覆 · 48週

So Tzeng
陳偉創 台北也可以接我吃羊肉爐啦！ 2
讚 · 回覆 · 48週

雷宗憲
文和，加油(ง •̀_•́)ง 1
讚 · 回覆 · 48週

Matt Kao
So大，台中你走海線？還是山線？ 1
讚 · 回覆 · 48週

So Tzeng
Matt Kao 應該是海線. 1
讚 · 回覆 · 48週

Frank Chen
So Tzeng 那到時見喔！ 1
讚 · 回覆 · 48週

Tifer Lai
So San day 32 加油🏃！
讚・回覆・翻譯年糕・48週　💬1

Regina Chu
今日男主角：吹風機
今日女主角：茉莉花
哈・回覆・48週　😆2

江江
目前累積公里數963KM,明天有機會破千...讓我們繼續看下去👀👍
大心・回覆・48週　❤1

Janines Liu
人好嫂！💬1
讚・回覆・48週

蔣立琦
哇😄西螺大橋😎太酷了
讚・回覆・48週　💬1

劉仲俊
到台中了,心裏痛痛的感動！🥵1
哇・回覆・48週

> **So Tzeng**
> 劉仲俊 痛痛?　💬1
> 讚・回覆・48週

> **劉仲俊**
> So Tzeng 興奮莫名的痛
> 讚・回覆・48週

Mars Hsieh
鄉間道路比起省道、縣道安全又更加豐富的人文風貌與在地最真實的景觀！
台灣的美,謝謝文和的雙腳🦶逐日帶給我們許多夢想！
大心・回覆・48週　❤1

區莉玲

💬1
讚・回覆・48週

林秋陽
加油🏃*32 💬1
讚・回覆・48週

Vincent Su
學長大大加油啊🏃👍
讚・回覆・48週　💬1

陳賜郎
閱讀台灣之美！讚👍
讚・回覆・48週　💬1

李春和
👏👏👏嫂💬1
讚・回覆・48週

謝依珊
我彰化人耶！漂亮的所在🖤🎉
讚・回覆・48週　💬1

李春和
文和 辛苦了,成工7！加油～～
讚・回覆・48週

王圓
謝謝你的實況報導,讓我有如也跟著你環島走,也感受到濃濃台灣最珍貴的人情味兒
讚・回覆・48週　💬1

王圓
不過 你真的曬黑了不少
讚・回覆・48週

Lynn Chang
真的好棒的旅程！好溫暖的台灣人情味😊😊😊
讚・回覆・48週

今天路程上的重點是八卦山，除了大佛以外，印像中有一個十八層地獄（南天宮），當年年紀小走過那一片根本是把眼睛遮著嚇死了！今天特別走上去懷念一下。

八卦山風景為台灣八大名勝之一；八卦山自古即為『古戰場』，1895 年日軍接收臺灣挺進彰化時，吳湯興、徐驤和中部義民據守八卦山，與日軍展開激戰，「八卦山抗日之役」在彰化掀起了一場腥風血雨，不但造成抗日首領吳湯興及吳彭年的逝世，八卦山最後也被日軍佔領。

為了緬懷這場戰役，2008 年 12 月，經過兩年的籌備「1895 八卦山抗日保台史蹟館」，就在舊有的八卦山牌樓旁邊，史蹟館是防空洞整理改建，並且還特別創建了隧道，搭配上特殊的空間感，讓參館民眾在過程中感受到緊張，壓迫氣氛增添臨場感，和花蓮的四八高地很像。下次有來八卦山記得到旁邊的 1895 史蹟館館參觀一下。

彰化和台中的交界是大肚溪，過了大度橋就算進到台中市的領域範圍，大度橋下左轉沒有多久就可以到有名的追分車站。追分車站西元 1922 年所興建的追分車站距今約有 98 年歷史，外觀仍保有原來木造的風貌。我也不能免俗的買了幾張追分 - 成功的車票作為紀念。

　　中午過後有兩位嚕啦啦 21 期的學弟 勝閔和群元來陪走，這兩位分別從大肚車站和梧棲過來跟我會合，21 期的群元是台中梧棲人，邊走邊跟我解說最近這幾年龍井當地的變化。沿途在沙鹿車站附近觀了美仁里彩繪村 - 穿梭時空回到舊時光，濃濃台灣在地風情。途中還經過鹿寮成衣商圈，這個鹿寮成衣商圈是目前台灣最大的成衣商圈。

　　到了清水後我們又去參訪了紫雲巖，紫雲巖觀世音廟從康熙年間就存在了，迄今已經超過 300 年。來到清水當然不能錯過著名的清水筒仔米糕，群元推薦兼買單巷仔內的名店 - 阿財米糕，除了米糕，乾麵也很好吃，還有湯頭味道濃郁的四神湯都很推薦喔！

　　明天預計經大甲鎮瀾宮到苑裡。

↑ 花壇鄉公所大樓，每一個招牌
的題名人都不一樣。

↓ 彰化鄭成功廟位於南瑤宮南邊，
是一座擁有艷麗色彩的廟宇。

↑ 花壇鄉清晨路邊美麗的風景。

↓ 南瑤宮是臺灣彰化縣彰化市南瑤里的一座
主祀天上聖母的媽祖廟，俗稱彰化媽祖宮。

↖ 彰化市武德殿是昭和 4 年建於
　彰化郡役所後方，昭和 5 年
　10 月 18 日竣工。

↑ 我在八卦山大佛前。

← 八卦山旁的賴和詩集。

↓ 1895 拒日保台史蹟館。

↑ 彰化美術館前的燈海。

← 史蹟館內部的歷史資料說明。

↙ 連結彰化台中的大度橋。

↓ 大度橋旁邊的水管橋很像西螺
　大橋。

↑ 追分車站。

↓ 追分成功車票。

↑ 追分車站的內部。

↓ 今天來陪走的嚕啦啦 21 期
　學弟楊勝閔和王群元。

372

↑台中沙鹿美仁里彩繪村。

↓我明明是來台中為什麼又到了成都？

↑台中清水有名的寺廟：紫雲巖。

↓鹿寮成衣商圈。

373

↖ 和嚕啦啦 21 期勝閔 & 群元在紫雲巖。

↑ 在地人極為推薦的阿財米糕。

← 筒仔米糕和乾麵。

↓ 徒步環島 Day 33 完成。

374

留言板

李永淞
開始倒數了！🔵1
讚 · 回覆 · 1年

林俊傑
加油 🔵1
讚 · 回覆 · 1年

李逢暉
沒去過八卦山耶，難得有如此詳細的介紹～謝謝SO大
大心 · 回覆 · 1年　🔵2

李永淞
預計怎麼進台北城?
忠孝橋-北門?
台北橋-民權西?
讚 · 回覆 · 1年　🔵1

　張淑芳
　李永淞 要列隊歡迎
　讚 · 回覆 · 1年

　張淑芳

　讚 · 回覆 · 1年

　So Tzeng
　李永淞 走到台北再打算,
　讚 · 回覆 · 1年　🔵2

　Regina Chu
　So Tzeng 我要來跳大腿舞歡迎😂😂
　讚 · 回覆 · 1年

吳建德
應該不用42天，就可完成壯舉了
哇 · 回覆 · 1年　🔵4

吳建德

讚 · 回覆 · 1年

黃建源
終於等到桃竹苗了 🔵3
讚 · 回覆 · 1年 · 已編輯

蔣立琦
哇哇，到中部地區啦！路線好精彩呀❤吃的食物也很有特色🍜超級饗宴的完美旅行
讚 · 回覆 · 1年 · 已編輯　🔵1

雷宗憲
🔵1
讚 · 回覆 · 1年

Alex Lee
讚👍！Go！🔵1
讚 · 回覆 · 1年

曾雪華
讚 · 回覆 · 1年

Winson Chen
加油 👏👏 🔵1
讚 · 回覆 · 1年

孫德芸
最近都沒有休息捏 🔵1
讚 · 回覆 · 1年

　So Tzeng
　孫德芸 沒狀況就繼續.
　🔵2

許承宇
明天進入苗栗了 加油
進入大甲要吃奶油酥餅
懷念好滋味
讚 · 回覆 · 1年　🔵1

Mars Hsieh
該放休假日了吧！
哈 · 回覆 · 1年　🔵2

紀秉誠
👍 🔵1
讚 · 回覆 · 1年

Tifer Lai
So San day 33 加油💪！🔵1
讚 · 回覆 · 翻譯年糕 · 1年

賴文森
男主角今天狀況又很不錯，長距離遠征外，又緬懷歷史及參訪廟宇，明日還特地去大甲鎮瀾宮參拜因疫情而無法出巡遶境的大甲媽，真是有心，媽祖一定會保佑So大遊台灣大戲順利平安殺青。
學長，加油💪
大心 · 回覆 · 1年　🔵🔵2

　So Tzeng
　賴文森 感謝學長每天準時收看!
　讚 · 回覆 · 1年　🔵1

Winifred Chen
不繞到南投走走？還是台中呢？
讚・回覆・1年　1

> **So Tzeng**
> Winifred Chen 這次路線以台1線為主,就不繞進去了!
> 讚・回覆・1年

Janines Liu
好強👏好強👏 1

Ray Yao
加油加油 1

陳柏芬
再接再厲！勇腳仔！

1

黃于珊
學長,加油哦！💜 1

林秋陽
加油💪*33 1

Natalie Kuo
不僅聽了八卦山的歷史故事,然後又知道哪有好吃的！👍 1

Jo Tu
😎今日結束環島總腳程已達到996km囉,距離破千大關就是一片小蛋糕的時間了。衝啊～壓平西部柏油吧💪加油💪加油💪 2

區莉玲

👍 1

陳偉創
昨天其實已準備好水果&溪湖銘人堂麻糬準備探班去,可惜另有任務在身,得趕回台北...真可惜,沒法去陪偶像走一段~

讚・回覆・1年　8

> **So Tzeng**
> 陳偉創 幫我放在冰箱冰起來,我走回台北的時候給我.
> 讚・回覆・1年　3

Mini Joe
加油加油！ 1

李春和
💯💜🎈

楊勝閔——和王群元及 So Tzeng・
2020年3月6日・

3/6環島陪走台中段遊記
文和徒步環島的第33天,終於來到台中段！一早我開車到清水火車站附近停車,這輩子第一次進入清水火車站,投幣購買清水站到大肚站的火車票,進站也不需驗票,直到坐在行駛中的車廂內,才有車長來驗票...抵達大肚站之後,連絡文和才知道他才快走到追分站而已,於是決定徒步過去和他在台一線上會合......中午12點多我們在追分和大肚站中間聚首;一同返抵大肚站附近吃午餐......休息過後沿著台一線在龍井方向前進。
走到龍井車站,群元也從復興回來加入陪走行列......這條路線群元才是真正在地的地陪,一路上向文和介紹沿途的風光......下午4點多抵達了沙鹿,還帶我到附近的彩繪村遊覽了一番......接著經過鹿寮,抵達清水~先和文和辦理他今晚住宿的飯店之後,到清水紫雲嚴參拜,再到阿財米糕店吃晚餐......
今天陪走3萬5千步,是平常沒爬山時自己一天走文心森林公園的三倍路程;比起爬山還算輕鬆許多......文和可以連走30多天,毅力真的很足夠......他一路告訴我日後徒步環島該注意的事情,好像我決定日後也和他一樣會徒步環島似的！我則不置可否？不知道什麼時候？我才會步入他的後塵......
台灣很美！今天的天氣很好,很適合走路！真的。

王群元——和楊勝閔及 So Tzeng・在 阿財米糕店。
2020年3月6日・台中市・

青年壯遊台灣方式有很多種、而徒步環島則是一種夢想、也是一種腳踏實地的愛鄉親土地的實踐,需要體力、毅力來完成。
19JJ文和學長So Tzeng今天徒步環島進入第33天（彰化花壇-台中清水37K）,也連到我的地盤,特地從復興趕下山,到龍井會合、今天還有同期楊勝閔從大肚站先行會合陪走過來,沿途我介紹海線家鄉的風土民情。
有龍目井藍稱龍井的清水祖師廟前龍泉、有由沙轆舊稱改名「沙鹿」的城鎮,原為平埔族一支之拍瀑拉（Papora）沙轆社（Salach）活動範圍,清代稱迴馬社或遷善社。民國九年改稱沙鹿,沿用至今。有舊名牛罵頭的清水,再介紹沿路大企業如味丹、福壽沙拉油、盛香珍、光田醫院、童綜合醫院、鹿寮成衣加工園區、以及我的母校沙鹿國中、清水高中等,還有空污源的中火煙囪,結實纍纍的桑椹、有星豆之稱的倒地鈴等。
到沙鹿時也走小巷陪他們讚進美仁里彩繪村,當個網紅來個自拍自High,最後在清水他們也一定要來參拜的百年古剎紫雲嚴處,Check in 旅館,再請他們來吃有名的清水筒仔米糕、選擇在地人會吃的阿財筒仔米糕,點了招牌的筒仔米糕加滷蛋、乾麵及肉羹湯,可惜肉羹湯賣完了,小菜則來個豆芽菜與紅油抔手,好好犒賞一路辛苦的學長。
餐畢內人也開車來載我回家,體驗一下青年壯遊徒步環島的感覺,加油囉！學長,明天就一樣沿著台1線可到大甲,進城鎮就可到鎮瀾宮,今年媽祖不出巡,就自個兒去參拜,保佑一路天氣舒爽、平安順利囉！

　　今天繼續沿著台1線前進，很快就到達了台中港站，以前只知道台中港，不曉得還有一個台中港火車站。往前走到了大甲溪橋前面，路邊的地板上寫了很多宮廟社團及補給品名稱，原來這是每年媽祖遶境時，各個贊助的團體準備給信徒們食物的擺放位置，上面也有寫著2020，應該是今年媽祖繞境活動的安排，不過現在這個繞境活動因為武漢肺炎的疫情關係暫停了！

　　過了大甲溪橋就到大甲，沒多久先前工作配合的廠商，有一位住在大甲的朋友Matt就出現了！今天的大甲鎮瀾宮之旅由他當地陪介紹。

　　大甲鎮瀾宮，俗稱大甲媽祖廟，大甲媽，是臺灣台灣媽祖信仰的代表廟宇之一。近年來，其遶境進香活動發展成臺灣民間信仰中最廣受歡迎注目的活動之一。前陣子還為了要不要繼續今年的繞境活動鬧得沸沸揚揚。今天是假日，但是來大甲鎮瀾宮參拜的人並沒有想像的多。Matt帶我到旁邊的貞節牌坊參觀。貞節坊是在撰述清朝年間貞節婦林春娘，其生前貞節事蹟，都雕刻在牌坊上，貞節媽祖林春娘便是鎮瀾宮內受人膜拜的佛像。此貞節坊係於道光二十八年，奉御賜立聖旨碑，以表彰林春媽之貞孝而建立的 現經內政部列為國家三級古蹟。這一個三

級古蹟才剛剛完成修復，我非常幸運經過這裡的時候剛好可以看到全貌，林春娘的故事這裡就不再贅述大家有興趣可以上網查一下。另外也參觀了光緒 13 年建立的大甲文昌祠，也是非常幸運剛剛完成修復。在品嚐有名的大甲城燒餅之後繼續上路。

中午兒子也來會合陪走。我終於也有了父子一起徒步環島的畫面了！

下午接近到苑裡的時候，戈 14 的馬力歐，一姊 & 勝訴陸續加入，最後臨時決定走到通霄，鐵木真也在最後的階段加入陪走，一群人就這樣一起走到了通霄火車站今天的終點。謝謝一姊買單晚餐。

明天從通霄出發後預計走到竹南。

↑ 清水早上路邊的水田景色。

↙ 台中港車站。

↘ 走在台 1 線上，上面是國道 4 號，遠方是國道三 3 號，前方是海線鐵路。

← 大甲溪橋前面的到地上寫滿
　繞境時，提供給遶境活動進
　行中的補給品擺放位置，可
　惜因武漢肺炎暫停遶境活動。

↑ 過了大甲溪橋就到大甲。

↓ 進到大甲前可以看到建築物
　非常雄偉的全國道教總廟。

↖ 林氏貞節坊全貌。

↑ 林氏貞節坊說明。

← 大甲鎮瀾宮。

↓ 大甲鎮瀾宮的屋頂金碧輝煌。

381

↑ 供奉文昌帝君的文昌祠。

∠ 剛剛完成整修的文昌祠。

↘ 大甲當地朋友 Matt 幫忙買大甲城燒餅。

382

↑ 大甲城燒餅的號碼牌。

↗ 兒子來大甲車站會合。

↓ 住在大甲當地的朋友，其實二位是過去在三星工作時生意合作的夥伴，Matt
　和陳董，做進口食品生意。

383

← 謝謝台大 EMBA 林志豪學長用
　心取景，幫我留下這張畫面。

↑ 今日來陪走的戈 14 的夥伴：馬
　力歐（林志豪），一姊（邱燕婷）
　和勝訴（劉韋廷）。

↓ 到苑裡了。

↑後來加入陪走的戈 14 的夥伴：一姊（邱燕婷）、小真（周守真）＆馬力歐（林志豪）。

→徒步環島 Day34 完成。

385

徒步環島紀錄
是旅行！不是苦行！

f 留言板

George Lee、龔楷元和其他349人　　　　　29則留言

👍 讚　　　💬 留言　　　↗ 分享

Mars Hsieh
父子同行，真是另人羨慕！
讚 · 回覆 · 1年　👍1

Jennifer Lien
明天會經過龍鳳？
哈 · 回覆 · 1年　👍1

　　陳建維
　　順便練一下
　　讚 · 回覆 · 1年

劉韋廷
兒子一起同行真的很感動，學長真是我們的好榜樣，令人敬佩
讚 · 回覆 · 1年　👍2

黃于珊
學長，加油！💜
讚 · 回覆 · 1年　👍1

Dean Chen
開始好像預計42天，是不是進度超前了！
哇 · 回覆 · 48週　😆1

陳柏芬
真希望可以陪你一段！
讚 · 回覆 · 48週

Matt Kao
歡迎so哥有空再來大甲玩
讚 · 回覆 · 48週　👍2

　　So Tzeng 謝謝地陪導覽！
　　Matt Kao
　　讚 · 回覆 · 48週　👍1

林志豪
So大是我的偶像😍
讚 · 回覆 · 48週　👍2

區莉玲 ⋯

👍1
讚 · 回覆 · 48週

Mini Joe

👍1
讚 · 回覆 · 48週

賴文森
終於來到了名聞遐邇的大甲鎮瀾宮，媽祖繞境因疫情擴大暫緩，而So大環台仍持續上演著，今日父子同行的畫面真是精彩感人，也是So大遊台灣劇情的最高潮，當然還有已發預告今天將加入臨演的106A一姊燕婷及戈14的學長姊們，增加劇情的可看性，相信So大遊台灣越接近殺青將會有更大的卡司陣容加入演出。
學長，加油🔋
大心 · 回覆 · 48週　👍❤6

林秋陽
加油🔋*34，有兒子陪走起來更有力。
讚 · 回覆 · 48週　👍2

林俊傑
加油　👍1
讚 · 回覆 · 48週

李達暉
也是一種遠境耶👍
哇 · 回覆 · 48週　👍1

吳建德

Tifer Lai
So San day 34 強 加油🔋！
讚 · 回覆 · 48週　👍1

Mars Hsieh
走慢一點，想說下週六可以陪走一點！
不過依照你的進度，下週六應該回到溫暖的家了……
讚 · 回覆 · 48週　👍1

蕭韻婷
何等的毅力！佩服！
讚 · 回覆 · 48週　👍1

張國緯
通霄。我的故鄉。歡迎學長。
讚 · 回覆 · 48週　👍1

蔣立琦
要吃一下奶油酥餅💜果然西岸都是 人物與食物😋
讚 · 回覆 · 48週　👍1

Vivi Yu
歡迎到通霄，我的故鄉^_^
讚 · 回覆 · 48週　👍1

Alex Lee
兒子唸台中的大學啊？！
總之！加油🔋 加飯 加水！
Go go go
讚 · 回覆 · 48週 · 已編輯　👍1

雷宗惠

👍1
讚 · 回覆 · 48週

高玉瑛

GOOD

讚 · 回覆 · 48週

江江
恭喜破千!👍 杜大可能忘記更新了...我補一下!Day34🚲 累
計1027KM🚲

讚 · 回覆 · 48週 · 已編輯 　👍1

李春和
文 和 成 力，辛苦了，加油～～

讚 · 回覆 · 48週

紀秉誠

10

讚 · 回覆 · 48週

DAY 35

苗栗通霄－竹南車站
36km

　　今天出門的時候沒有太陽，走在通霄的市區道路及台1線上，看到很多單車迎面而來，看來大家是恢復正常的運動了嗎？接近新埔車站前有一個秋茂園，以前開車常常會經過看到，但是從來沒有進去參觀過，今天是我第一次拜訪秋茂園。秋茂園過去為台灣的旅遊景點，由旅日僑胞黃秋茂博士獨資興建，苗栗的秋茂園建於民國六十五年，裡面有許多 水泥做的塑像，看起來非常有古老的時代感。不過可以感覺現在凋零的狀況，遊客不再。

　　秋茂園再往前走一點有一個新埔車站 ，台灣西部目前僅剩的木造車站已經很少了，相形之下顯得特別珍貴，不過在走進這座僅存的木造車站之後發現並沒有受到完善的保存，感覺有點可惜。今天走到新埔車站的時候有路標指示往海邊，因為距離不遠，我就走向海邊的方向，發現有一條海提大道建在防波堤的邊緣上，海天一色的景像看起來非常的舒服，這一段海堤一直通到白沙屯拱天宮。

　　抵達白沙屯拱天宮之後沒多久，一群嚕啦啦 19 期的夥伴突然現身，著實嚇了我一大跳。大家在拱天宮前合照完後開始向下一個目的地，路上碰到 21 期學弟義芳送來高檔補品，非常感謝。我們走在西湖溪橋上望向出海口，有三支很大的風力發電

機，配合藍天白雲和湛藍的海水，畫面非常的賞心悅目。我們在便利商店中午休息的時候，105B 的伯振學長也帶著冰涼飲料來慰勞。一群人繼續往今天的中繼站之一大山車站前進。

抵達大山車站之後，台大戈 14 的幾位夥伴已在此等候，剛好和嚕 19 換手，後段從大山到竹南車站的旅程陪走就由台大 EMBA 戈 14 來擔任。

走到竹南後另外一位嚕啦啦 21 期的學妹夢萍也來參與陪走。今天的景色不多但是陪走的人卻很多。

晚餐由兩位陪走到最後的 19 期夥伴－楷元和靄玲陪同招待，非常感謝！

明天預計由竹南走到湖口。

←昨天晚上住的國賓大旅社，就在
　竹南車站的旁邊。

↑一早的通霄車站。

↓苗栗特有的交通號誌 - 保護石虎。

391

↑ 秋茂園的路口一景。

↗ 秋茂園裡面的八仙過海。

↓ 這一張裡面的玩偶不是秋茂園的是台鐵的。

↑ 新埔車站 保存很完整的木造車站建築。

∠ 新埔車站內的一景，已經看見木頭鏽蝕的情況。

↘ 苗栗新埔地海堤步道。

393

↖ 海堤步道一景。

↑ 海邊籃球場。

← 海堤步道上面的沉思椅。

↓ 白沙屯拱天宮。和嚕啦啦
　19 期夥伴。

↑ 在西湖溪湖橋上看火車經過。

↙ 一轉眼 35 天了！

↘ 台大 EMBA105B 朱伯振學長帶著清涼飲料來探班。

395

↑ 敷著面膜的我跟嚕啦啦 19 期
　在大山車站。

← 跟台大 EMBA 戈 14 在大山車
　站：輝哥、碧華、惠雯、楠凱。

↙ 謝謝嚕啦啦 21 期義芳送來高
　檔補品。

↓ 謝謝今天陪走請吃飯的嚕啦啦
　同期楷元 & 靄玲，以及補給的
　嚕啦啦 21 期夢萍。

← 謝謝戈 14 成員今天的陪走：輝哥、碧華、
　惠雯、楠凱。

↓ 徒步環島 Day35 完成。

留言板

杜建興
快到家了，So大GoGoGo
讚 · 回覆 · 1年　👍1

賴文森
如昨日預期的，越接近劇情的尾聲，加入臨演的人數會越來越多，今日應該是加入臨演人數最多的一天，所以男主角走起來特別快，居然破了這次So大遊台灣單日走最長的距離，不會是急著想提前殺青，趕進度吧！今日的臨演人員又有一熟悉的身影，就是106A女神惠雯，真是戈友滿天下。
學長，加油 🏃
大心 · 回覆 · 1年　😊👍3

張力文
加油！ 👍1
讚 · 回覆 · 1年

Alice Huang
小時候常常來秋茂園拍照
讚 · 回覆 · 1年　👍1

Mini Joe
會不會開始覺得近鄉情怯，意猶未盡？
哈 · 回覆 · 48週　😊👍3

　Mars Hsieh
　Mini Joe 應該多走一些鄉間小路
　讚 · 回覆 · 48週　👍1

　Peng Jianhuai
　建議可以在回走… 😊
　讚 · 回覆 · 48週　😊👍4

　Wei Wei Hsu
　Mini Joe 我也有這樣的想法！
　讚 · 回覆 · 48週　👍3

　鄭澤
　環島文還看過癮。So Tzeng大可不可以在逆時針走一圈？
　讚 · 回覆 · 48週　😊2

　Mini Joe
　鄭澤 現在情勢都要順時中啦！
　讚 · 回覆 · 48週

　鄭澤
　Mini Joe 太好笑啦
　讚 · 回覆 · 48週

　Mars Hsieh
　到淡水後，再逆向走下去，就有機會陪走了（一小段）
　讚 · 回覆 · 48週 · 已編輯

　💬 回覆……　　😊 😐 📷 🎬 🖼

黃于瑒
學長，加油！ 💜 👍1
讚 · 回覆 · 48週

Rebecca Huang
今天好熱鬧 😊 👍1
讚 · 回覆 · 48週

洪文怡
好熱鬧ㄚ 👍1

Tifer Lai
So San day 35 強，加油 🏃！到竹南了。
讚 · 回覆 · 48週　👍1

江江
好快的腳程，累計1063km!會提前達標!!讓我們繼續看下去…
讚 · 回覆 · 48週　👍1

許承宇
明天挺進新竹了 原以為想快點走完 但現在應該不想快點結束吧！ 邊進湖口老街逛逛 很有意思 因早期鐵路常出軌 造成必須改道 留下發展停滯 時光凍結的老湖口
讚 · 回覆 · 48週　👍1

Benson Chen
哥！加油啊！ 👏👏 👍1

謝依珊
So人緣真好 💙 😊
讚 · 回覆 · 48週

林俊傑
加油
讚 · 回覆 · 48週

Janines Liu
快到了！ 👏加油 🏃
讚 · 回覆 · 48週

Randy Hung
通霄·後龍·竹南，這段有很多我童年的回憶
讚 · 回覆 · 48週　👍1

張淑芳
這一路太熱鬧 一點不像獨行。呵呵
讚 · 回覆 · 48週　👍1

李達輝
😊
讚 · 回覆 · 48週　👍1

蔣立琦
好可愛喔！處處都有童趣的台灣 😊
讚 · 回覆 · 48週　👍1

鍾勝豪
So大加油，快完成壯舉了……
讚 · 回覆 · 48週　👍1

區莉玲
😊
讚 · 回覆 · 48週　👍1

林秋陽
加油 🏃*35 👍1
讚 · 回覆 · 48週

Anna Tsai──和 **Hui-Wen Huang** 及其他 3 人。
2020年3月8日 · 🔒

今天讓我陪你走一段吧！
那一年在戈壁您陪著我們走一段
有您在我們總感到安全
有您在我們不畏強風高溫
在後戈壁的日子裡
偶爾會想起您為我們在戈壁搭帳篷的背影！

#送面膜到大山給徒步環島的瘦大
#輕鬆開心地陪著走11公里

 Hui-Wen Huang──和 **Anna Tsai** 及張玉輝。
2020年3月8日 · 🔒

So大徒步環島day 35～2020三八婦女節
謝謝Anna的安排，讓我們有機會穿上戈14 橘T，陪So大從苗栗大山
車站走到竹南！
想起，跟著引領戈14B隊隊員從集訓到完成戈壁108公里挑戰的So
大，亦步亦趨…
#瘦大說很少人知道戈壁的帳篷有附帶小椅子可以歇息
#戈14有默契的戴著白色adidas帽子
#輝哥的戈壁攝影師魂又上身了
#演著雙姝追火車的前戲自嬝嬝人
#這段旅程的記憶肯定比徒步環島的背包還要重

 張玉輝──和 **Hui-Wen Huang** 及 **Anna Tsai**。 ···
2020年3月8日 · 🔒

今天很榮幸參與 So Tzeng 徒步環島壯行第35天一小段「通宵大山車站
到竹南車站」11公里的陪走。非常敬佩So大勇氣，當從So大開始環島
徒步時就曾有想走一段路來陪走，親身靠近So大那份精神。感謝Anna
Tsai 緊急召集，讓我有機會來走這一小段，也感謝Hui-Wen Huang、
馬修大家一起參與這段陪走。

 謝露玲──和陳柏芬及其他 7 人。 ···
2020年3月9日 · 🌐

總算在文和完成步行環島行程前夕
有機會好好的跟走一天
台灣治安再好或我長得再怎麼安全
因性別而存在的危險永遠都在
這部份我就理智多了

於是總想把握機會跟著走一些路探一些景
感恩有一群伙伴陪我圓夢

徒步旅遊很有意思
健身、省錢、安全、環保
不跑步不爬山
那就走走路吧！
坐個火車 來個說走就走的輕旅行
也許會是我的日常了~

DAY
36
竹南車站－新竹湖口
35km

　　一早從竹南的菜市場出發，因為住的旅社門口就是每天竹南的早市。竹南雖然名稱為竹南但是仍屬苗栗縣。今天一開始選擇的路線是鄉道，有一些爬坡，因為鄉道多數是落在山裡面，遮蔭比較多。今天的路程上好像沒有比較具有特色的景點，有點特色的大概就是香山車站了！

　　今天計畫來加油陪走的朋友不少，第一位來報到的是戈13的 Wuga 吳政憲，在我進到縣道完成爬坡之後，送來冰涼的蜂蜜檸檬飲，時間抓得剛剛好，Wuga 拖著即將動刀的身體來探班，希望他一切順利。進到市區之後，一位年輕人從背後叫住我：大哥你是徒步環島嗎？是啊！馬上請旁邊茶飲店的小姐做了一杯茶飲，說一定要請我，他是這一間茶飲店的老闆，對於徒步環島的人非常的敬佩，我就這樣免費拿了一杯飲料，謝謝老闆的慷慨！

　　沒多久我就到了香山車站，這車站建築使用的木頭都是阿里山的檜木，而且站務人員有兩三位，所以整個建築保存的非常的完好。車站入口處的屋簷前兩側各掛了一串像是風鈴又像是小花盆的東西，做什麼用途呢？原來是做為屋頂的排水管用，用如此的裝置，屋頂的水不會直接衝擊地面造成反彈濺溼附近，

401

即可排水又可免去一般水管的礙眼，一舉兩得（謝謝同期楷元的資訊）。車站外一座紅磚長柱體建築，柱體上留存著一段水管，這是早年車站的水塔。

過了香山車站沒有多久，第二位補給著也出現了，是 105B 的傅教授建中學長，特別從竹東帶了兩個客家菜包給我，建中學長也特別陪走了一小段。準備進到新竹市區的時候，第三位要來陪走的直屬學妹 106C 的文怡，推著嬰兒車帶著他的兒子出現。一路陪走到了竹北，還請我今天的中餐。今天最後一位來陪走的是我 105C 的同班同學 - 孫婕，剛好在文怡離開的時候接手，沒多久書賢和 Mimi 學姐出現了，很激動的書賢除了送來補給的飲料，也陪走了一段，最後婕妹和我一起走到了湖口。

到了湖口車站後，已經約好要請我今天晚餐的嚕啦啦 18 期建源學長也到了，趁天還沒有全黑以前帶我到湖口老街繞了一下，並在湖口老街享用晚餐。

今天的自然風景比較少，原來風景都換成了人。

氣象預報明天早上的天氣不好，所以現在還不確定明天是要繼續走還是原地休息？

請大家不用估算我回到台北的時間。

↑一早的竹南車站。

↓雖然車站名字是竹南車站但
是還是隸屬於苗栗縣。

→謝謝戈 13 的 Wuga 送來蜂
蜜檸檬的飲料 - 與吳政憲。

403

↑ 飲料店的老闆送給我的茶飲。

↗ 香山的豎琴橋。

↓ 保存非常完美漂亮的香山車站，站體的木頭都是阿里山的檜木。

404

← 香山車站前的這一串風鈴設計
  是為了讓屋簷的水能夠順勢滴
  下來，不用另外再裝導水管。

↑ 謝謝台大 EMBA105B 傅建中
  學長送來的客家菜包。

↓ 香山車站的內部仍然維持的非
  常好。

↑ 路邊的廟正在舉行廟會表演 歌仔戲演員非常認真的在唱著。

↙ 路邊正在練習舞龍舞獅的小師父。

↘ 造型特殊的三姓橋車站。

406

↑外觀形貌維持完整的新竹車站。

↓台大 EMBA 直屬學妹 106C 洪文怡帶著兒子一起來陪走。

→台大 EMBA105C 同學孫婕來陪走。我的臉好黑啊！

↑明新科技大學。

↓今天的終點湖口車站。

↑激動的 Benson 陳書賢學長和學姐
Mimi 來加油！

↓湖口老街的義民廟。嚕啦啦 18 期建
源學長請吃晚餐居然忘了拍照記錄。

↑湖口老街。
↓湖口老街。
→徒步環島 Day36 完成。

f 留言板

林志豪
今天好熱鬧～都是好朋友來輪流接班　···
讚 · 回覆 · 1年

吳建德
台北有點變天了，休息一天，為凱旋歸來做準備，勇士加油
讚 · 回覆 · 1年 　3

吳建德

1
讚 · 回覆 · 1年

黃于瑞
學長，加油！💜
快到家了耶！
讚 · 回覆 · 1年 　1

王品心
so哥：今天比較累厚，照片都沒寫故事人物
哈 · 回覆 · 48週 　1

　So Tzeng
　王品心 報告王姐;都補上了。
　讚 · 回覆 · 48週 　1

　王品心
　So Tzeng 辛苦了 1
　大心 · 回覆 · 48週

Spencer Yao
歸心似箭～ 1
大心 · 回覆 · 48週

王意中
感謝文和，讓自己能夠憑想像，隨著你的步伐，神遊寶島的美好風情與人情味。

　3
大心 · 回覆 · 48週

李永淞
休息是為了走更長的路
讚 · 回覆 · 48週 　1

Sophia Huang
你的臉，黑得發亮！
讚 · 回覆 · 48週 　1

曾雪華
👍
讚 · 回覆 · 48週

Benson Chen
So大加油了！最後一哩路！
讚 · 回覆 · 48週 　1

李逢澤
到湖口了耶，好快喔
讚 · 回覆 · 48週 　1

Jennifer Lien
加油💪加油💪 1
讚 · 回覆 · 48週

林秋陽
加油💪*36，真的黑的有亮喔！
讚 · 回覆 · 48週 　1

高于歡
學長 明天開始變天 祝福一切順心如意
讚 · 回覆 · 48週

高玉瑛
近鄉情怯想多留一天
大心 · 回覆 · 48週 　1

賴文森
男主角好人緣的劇情仍然在今日持續上演中，今日又有熟悉的臨演人員的身影。越到劇情的尾聲男主角居然賣起關子，不知精彩完結篇是何時？說真的，這場劇老天爺把您的容顏越化越濃，但卻改變不了您的決心，真是令人感動與敬佩，不過改變這場So大學長，您可以考慮這場劇結束後接演現代版的包青天。😊😊😊
學長，加油💪
大心 · 回覆 · 48週 · 已編輯 　1

　So Tzeng
　賴文森 如果有演出機會再麻煩學長了！
　讚 · 回覆 · 48週

陳柏芬

讚 · 回覆 · 48週 　1

Janines Liu
不想回來了？😊 1
哈 · 回覆 · 48週

Regina Chu
好想推遲回台北的時間😊😊 1
哇 · 回覆 · 48週

Mini Joe
續行或休息，都是平安自在！
大心 · 回覆 · 48週 　💜

廖國佑
🌱 1
哇 · 回覆 · 48週

賴信翰
哇，快到家了 👍1
讚 · 回覆 · 48週

曾柔育
只剩最後70公里了，明天休息也好 👍1
讚 · 回覆 · 48週

林俊傑
加油 👍1
讚 · 回覆 · 48週

Tifer Lai
So San day 36 強強強 加油💪！
讚 · 回覆 · 48週 👍1

蔣立琦
💗好友一串串💗
果然西岸最美的是「人」情💗
讚 · 回覆 · 48週 👍1

蕭鈺人
今天真熱鬧

讚 · 回覆 · 48週 👍1

Anna Tsai
昨天敷面膜後，今天的照片瘦大看起來白晰惹 👍2
哈 · 回覆 · 48週

謝依珊
怎麼越來越忙😄 👍1 ···
讚 · 回覆 · 48週

Mars Hsieh
都外出36天了，慢行、休息、速走都隨心、隨性，人生不
就是如此自我掌握著……
嗯，走慢一點，這個還六才有機會與你相遇！（你還是照
你步調前行吧！） 👍2
讚 · 回覆 · 48週 · 已編輯

劉仲俊

洪文怡
不用約，大家都自動無縫接軌的接力了，so大人緣爆棚丫 👍1
讚 · 回覆 · 48週

王麗云
加油💪🏻 👍1
讚 · 回覆 · 48週

區莉玲
人緣真好!👍🏻👍🏻 👍1
讚 · 回覆 · 48週

Talun Sung
恭喜學長，也許會經過龍華科大！ 👍1
讚 · 回覆 · 48週

Benson Chen 😊 覺得被鼓舞──和 So Tzeng · 在 竹北中華路路上。 ···
2020年3月9日 · 新竹市 · 🌐

見到你的瞬間，不只內心澎湃，真的是又激動又感動！So Tzeng（曾文和）So大，徒步環島壯舉，你真的做到了！！

#有志者事竟成
#環島第36天🙌🙌🙌
#那包包也太重了吧🙌
#我永遠敬重的So大

411

新竹湖口－桃園
32km

　　昨天晚上開始的這場雨下得很大，本來一直還在思考著是不是要休息等待一下，但是歸心似箭的我現在只想全速回到台北的家裡。

　　早上要出門時候全副武裝，因為出門的時候雨還是在下，所以先請原本計劃陪走的 18 期建源學長就不要冒雨陪走，也請本來要過來探望加油的 EMBA 同學不要過來致意，因為下著雨就讓我專心走路就好。一開始走的是楊湖路，楊梅連接湖口路邊的大排水量非常的湍急，因為雨勢很大路面積水，我雖然穿著防水襪，還是滲了水進去。到了楊梅之後找了間一百塊剪髮的店進去借電源，換上乾的襪子繼續走。

　　中午在 7-11 午餐後雨漸漸停了，走到中壢之後發現好幾間舊式的建築，但是非常的新，原來這一個區塊是中壢故事館區，保存著當年中壢事件的一些相關歷史資料，當年中壢事件（1977年）的發生所在地就在中壢派出所，這一個故事館的區域位置就剛好在中壢派出所的隔壁。再繼續往前走看到熟悉的醫院名字 - 天晟醫院，用 Line 問了一下溫秀惠主任（106A）是不是在醫院裡，沒想到學姐馬上回我訊息，說他現在剛好有空檔即刻下來，就在天晟醫院留下一張戴著口罩的相片，謝謝溫主任熱

情招呼，還請喝了一瓶木瓜牛奶。

離開天晟醫院沒多久，經過一間機車行的時候，迎面走過來的老闆突然叫住我，問我是不是在徒步環島，原來這位老闆在我經過車城的時候就碰面過，那時他和另外一位朋友一起環島，就在昨天他們完成了這一趟環島的旅程，今天又碰到我，真的是太有緣了！今天就在桃園落腳。

感謝在 FB 跟著我一起環島旅行的朋友，明天就要結束這趟徒步環島回到台北的家裡，謝謝你／妳們的支持鼓勵，讓我從第一天開始到現在最後一天。

明天就從桃園車站這邊出發回台北內湖。

↑一早從湖口出門雨還沒有停。

↙ 離開新竹跨入桃園。

↘一夜的大雨稻田裡面黃沙滾滾。

↑ 路旁大排的水流湍急。

↙ 這間是鍾姓祖厝，規模很大。

↘ 進到平鎮，這時雨也停了。

↑ 中壢故事館區的日式建築。

↗ 中壢故事館區的日式建築。

↓ 中壢事件說明告示板。

中壢事件
The Zhongli Incident

　　1977年11月19日地方公職人員選舉，因桃園縣長選票糾紛所發生的群眾包圍中壢警察分局抗爭的「中壢事件」，是戒嚴時期（1949-1987）臺灣第一次街頭群眾運動。

　　中壢事件的發生，鼓舞了臺灣人民爭取民主的動能，影響了爾後黨外反對運動的集結與崛起，推進臺灣民主化運動，可謂是臺灣民主化運動的分水嶺。

　　緊鄰中壢警察分局的中壢警察日式宿舍，不僅見證中壢事件的發展歷程，也是臺灣邁向民主的重要歷史現場。

The Zhongli Incident of Nov. 19, 1977, occurred when a crowd surrounded the Zhongli Precinct police station in a dispute over voting in the Taoyuan County magistrate's election. It was the first street protest during the period of martial law in Taiwan (1949-1987).

417

↑ 經過天晟醫院，EMBA 同學不在 Joyce Yang 的妹妹代表出來接待。

↓ 天晟醫院的台大 EMBA 鄭貴麟學長和溫秀惠學姊。後方組合屋是 COVID-19 篩檢站。

↘ 天晟醫院台大 EMBA106A 溫秀惠學姊。

←2月24日環島在車城的時候碰見的環島朋友：簡秋榮今天又在中壢碰到。

↑這一張就是2月24日車城碰到所留下的照片。

↓要進入桃園市了。

419

↑ 終於看到路標上有台北兩字了。

↓ 台大 EMBA 105C 的同學陳建維
　來探班。

→ 徒步環島 Day 37 完成。

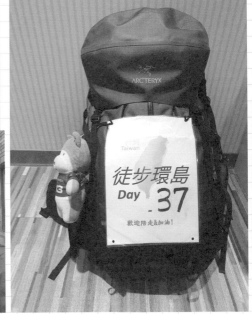

f 留言板

George Lee、龔楷元和其他485人　　82則留言

👍 讚　　💬 留言　　↗ 分享

李永淞
明天就回到家了！
會經過大直嗎？ 😊 1
讚 · 回覆 · 1年

　　So Tzeng
　　李永淞 不會喔!
　　讚 · 回覆 · 1年

李逢暉
期待進入最終回~ 😊 1
讚 · 回覆 · 1年

Kuo Johnson
加油💪 1
讚 · 回覆 · 1年

Winson Chen
天氣冷，最後的小關卡，曾大哥加油💪💪 ❤ 1
大心 · 回覆 · 1年 · 已編輯

Rebecca Huang
想起來我們有在天晟醫院一起seminar（遠目）…… ❤ 1
大心 · 回覆 · 48週

　　So Tzeng
　　Rebecca Huang 有喔！
　　讚 · 回覆 · 48週

Joy Chen
明天終於是好天氣，歡迎你回台北🎉🎉🎉，So老大你
是我的標竿😍😍😍真的太強大了。 ❤ 1
讚 · 回覆 · 48週

王意中
文和徒步環島的背影，真的是當前最是經典的，動人的身
影啊！
 😊 1
大心 · 回覆 · 48週

黃于瑄
學長，恭喜哦！要回家囉！
讚 · 回覆 · 48週

江江
累計1130KM💪！強… 😊 1
大心 · 回覆 · 48週 · 已編輯

Sofia Juan
So:你太強了！
真的完成徒步環島的艱鉅任務了！ ❤ 1
讚 · 回覆 · 48週

賴文森
沒想到So大遊台灣遶台一圈還可以碰到同好兩次，真是太
神奇了！正是因為太多的神奇即將完成值得茶餘飯後閒聊
一輩子的精彩故事。明日將是So大遊台灣精彩完結篇，敬
請期待…
學長，加油💪 ❤ 1
大心 · 回覆 · 48週

Sherry Wen
學長的毅力與體力令人佩服感動！變得又黑又結實，下次
見面送您天成醫療級面膜美白又保濕😊
還有您在楊梅時就該line我，因為我老公的耳鼻喉科診所
在楊梅，可以請您喝咖啡，吹乾身體😊
祝您一路平安，明天凱旋回台北，完成環島的壯舉！ ❤ 2
大心 · 回覆 · 48週 · 已編輯

紀秉誠
 😊 1
讚 · 回覆 · 48週

江明禧
恭喜完成壯舉，歡迎凱旋歸來！ 😊 1
讚 · 回覆 · 48週

Dean Chen
開頭：湖口 - 楊梅… 看內文不是到桃園市區了？糾察隊的
習慣又犯了 😄 😊 1
讚 · 回覆 · 48週 · 已編輯

　　So Tzeng
　　Dean Chen 我邊寫邊睡…
　　讚 · 回覆 · 48週

吳建德
歡迎回到台北，完成壯舉 😊 1
讚 · 回覆 · 48週

吳建德

讚 · 回覆 · 48週 😊 2

劉仲俊
哇！快完成了，催嘍，催嘍，嘎油啦 😊
讚 · 回覆 · 48週 😊 1

邱信森
每天開FB追So大訊息的日子快結束了，感謝您分享的每一
步的故事。 😊😊 2
大心 · 回覆 · 48週

Julia Chan
太厲害了！每天都在等你po文，走了一個多月我也看了一
個多月，只能讚歎啦，即將要進入這趟旅程的最終回囉，
加油加油！ 😊 1
大心 · 回覆 · 48週

Spencer Yao
洗塵～ 歡迎歸來 😊 1
大心 · 回覆 · 48週

Benson Chen
大大恭喜So大！徒步環島成功！
讚 · 回覆 · 48週 💬1

Jessica Chang
感謝學長的分享!我用眼睛感受體會也環島啦^^
讚 · 回覆 · 48週 💬1

Regina Chu
超速了超速了！💬1
哇 · 回覆 · 48週

　　Clare Chiu
　　Regina Chu 這速度叫歸心似箭😊
　　大心 · 回覆 · 48週 💬1

大頭
恭喜So大成功徒步環島，榮歸內湖💪
讚 · 回覆 · 48週 💬2

Jessica C. Sun
So大加油👍
讚 · 回覆 · 48週 💬2

李永淞
明天是從忠孝橋-北門進台北城…?
再延中山北路-大直-內湖？
讚 · 回覆 · 48週 💬2

　　王志傑
　　我覺的民權東路直走回家比較不必花腦筋
　　讚 · 回覆 · 48週 💬1

曾雪華
💯
讚 · 回覆 · 48週

林俊傑
加油 💬2
讚 · 回覆 · 48週

陳惠芬
歡迎👏👏👏
回家…………💬1
讚 · 回覆 · 48週

Tifer Lai
So San day 37 一個月又7天 真是強的要不得！加油👍！
你也帶著我環島快一圈了，所有po的照片都留著了呀！
讚 · 回覆 · 48週 💬1

Chinghan Liu
終於可以吃慶功宴了
讚 · 回覆 · 48週 💬3

陳柏芬
YOU'RE THE BEST
讚 · 回覆 · 1年 💬1

區莉玲
👏👏👏👏👏💬1
讚 · 回覆 · 1年

林夢萍
終於要回來了🎉🎉🎉
大心 · 回覆 · 1年 💬1

Troy Lin
恭喜So大！💬1
讚 · 回覆 · 1年

謝依珊
今天下雨你辛苦了😭
一路走下來真的很讓人感動
大心 · 回覆 · 1年 💬1

Shirley Chen
最後一哩路了！加油💪
讚 · 回覆 · 1年 💬1

Janines Liu
太棒了！要回來啦
讚 · 回覆 · 1年 💬1

洪文怡
真的可以講一輩子了
大心 · 回覆 · 1年 💬1

Isabella Chen
環島劇提早殺青，明天好天氣，回家囉！
讚 · 回覆 · 1年 💬1

Alice Huang
內湖內湖，我明天在內湖
讚 · 回覆 · 1年 💬1

Acelin Chen
哇‥‥37天！！！
太強大了👍👍👍
讚 · 回覆 · 1年 💬1

Mini Joe
徒步環島即將劃下完美的句點，恭喜！ …
讚 · 回覆 · 48週 💬1

Grace Chang
So大居然進度超前欸💪
讚 · 回覆 · 48週 💬1

李明芳
學長你真的好厲害唷👍😘
讚 · 回覆 · 48週 💬1

顧維羣
" …現在剩最後一天，明天就從桃園車站這邊出發回台北內湖." >>>家在那裏跑不掉，人在路上慢慢走不要急，歸心似箭放輕鬆，留意車流保平安，安全是回家唯一的路，全神實注不分心，收穫滿滿回到家再報平安。👏👏👏
大心 · 回覆 · 48週 👍❤4

　　So Tzeng
　　顧維羣 謝謝學長!
　　讚 · 回覆 · 48週 💬1

Pauline Chang 張珮倫
一路走來,氣場強大.讚……
讚 · 回覆 · 48週 💬1

劉教綵
加油 👍 1
讚・回覆・48週

郭瑞祥
真是令人敬佩 👍 1
讚・回覆・48週

張嘉玲
佩服佩服 👍👍👍
讚・回覆・48週 1

Mars Hsieh
驚人的速度～～大大的慶祝恭喜，好好的休息再出發
（咦....）
讚・回覆・48週 😊👍 2

張源銘
恭喜！準備爬山囉！
讚・回覆・48週

Jo Tu
❤距離溫暖的家越來越近了，腳程的距離卻是越走越遠，
總腳程數已達到1127km 了😊加油👟加油👟加油👟
讚・回覆・48週 1

許承宇
最後一哩路 歸心似箭啊
給您大大大讚
讚・回覆・48週 1

Rick Cheng
加油👟！剩下最後一里路，佩服你的毅力！恭喜
讚・回覆・48週 1

Shu-Chen Chang
學長加油👟 1
讚・回覆・48週

Sam Yen
恭喜即將完成壯舉，可以出書了！
讚・回覆・48週 1

Alex Lee
Go go go 剩下一天了！👍
讚・回覆・48週 1

陳錫郎
即將完成環島。加油👟……讚👍
讚・回覆・48週 2

雷宗憲
太棒了！👍👍👍 1
讚・回覆・48週

David Kang
智者樂山，仁者樂水！挑戰必有收穫
讚・回覆・48週 1

王俊涵
學長加油👍👍

讚・回覆・48週 1

林秋陽
加油👟……*37，最後一里路了，加油👟
讚・回覆・48週 1

彭信銘
登101做環島結尾
哇・回覆・48週 😮 1

陳淑娟
歡迎回家
讚・回覆・48週 1

Sonya Wu
Welcome home. 真的是太有毅力了!! 👟👟👟👍👍👍
讚・回覆・48週 1

Lynn Chang
好棒！恭喜恭喜👏 🎉🎉
讚・回覆・48週 1

蔣立琦
真是太厲害👏 ❤棒棒👍
讚・回覆・48週 1

Lily Shaw
Congratulations 👍👍 1
讚・回覆・翻譯年糕・48週

Angela Chen
So 大最棒 👍 1
讚・回覆・48週

李春和
加油～…👍
讚・回覆・48週

陳柏芬

讚・回覆・48週

Vicky Tseng
好優秀👟好棒👟偶像👍
讚・回覆・48週 1

Lillian Lee
Welcome Back 👍 1
讚・回覆・翻譯年糕・48週

423

徒步環島完成！
桃園－內湖 35km

　　如果今天順利走完，那今天就是這一趟徒步環島旅程的最後一天。

　　早上 4 點鐘就醒了，醒了以後睡不著，索性決定天亮就開始走，今天的路程有 35km 不算短，早點出發也可以早點回到家。105C 的丁達明學長和 106 的許承宇學長原本 7 點半要跟我在桃園車站會合陪走，因決定提早出發，只好請他們沿路找我跟上。不過第一個找到我的是專科同學劉軍希，他是桃園市政府養護工程處處長，這段路算他管區。沒多久，達明學長也找到我了！台 1 甲線結束之後承宇學長也都跟上我的最後一天的旅程。

　　在走到桃園與新北交接的地方，發現有一棟建築物的門牌號碼左邊貼新北市，右邊桃園市，真是很特別。走到龍華科技大學之後，大崙學長和愛學長（謝文銓學長）以及 105A Cole 張峰誠學長 105C 陳建維學長陸續加入。我們一群人就這樣走過新莊，三重忠孝橋到台北車站。

　　當我從三重這一端忠孝橋旁邊的樓梯，爬上忠孝橋看到台北車站這邊的新光大樓及 101 的時候，整個心情才放鬆下來，我真的走回來台北了！到台北車站用餐時，全家便利的張文燕店長送來咖啡，小育隊長帶領的戈 13B 隊戰友，潘妮，格格，

以及 105C 的同學麗雯，小鹿及 K 導也來加入，餐後走到敦化北路，戈 13B 依珊和佳敏也來加入。最後到松山機場，我的小學同學王志傑也來陪走，一整天都非常的熱鬧。感謝格格（王翊菲學姊）還特別從我最近臉書 PO 的環島照片挑了幾張做了一面紀念旗送給我。104B 永淞學長在路上二度歡迎，在下午 4 點半左右我順利回到了內湖的家中，以 38 天的時間完成這一趟徒步環島 1162 公里的旅程。

徒步環島這件事情，當你把它想得很容易他就不容易；當你把他想得很困難，他就不困難。也就是說事前的充分準備工作是非常必要的，最重要的是心裡的建設，怎樣可以踏出家門。

環島的方式有很多種，我只是選擇了一種最適合我的方式。這次的徒步環島有很多的體驗，需要一點時間來消化整理。如果大家對徒步環島有興趣，我也很樂意在做完消化整理後分享給大家。

So 在這邊非常感謝大家每天的追劇支持與鼓勵，以及來陪走補給接待的好友，So 大遊台灣在此告一段落，感謝天感謝地感謝大家！

↑桃園農工的校園建築好漂亮。

←桃園市桃園區的桃園國小。

↙桃園巨蛋。

↓專科同學劉軍希，他是桃園市
　政府養護工程處處長。

↑ 龍華科技大學。

↓ 門左邊是中正路 933 的 新莊門牌，門右邊是萬 壽路 1 號的龜山門牌。

↑ 省道旁這麼漂亮的一棟大樓居然是爛尾樓。

↓ 聽說女生都好漂亮的學校：輔仁大學。

↑ 在龍華科技大學任教的大崙學長。

↓ 謝謝今日陪走團：台大 EMBA 謝文銓學長，
　 許承宇學長、丁達明學長、張峰誠學長。

↑ 在忠孝橋上面看的景觀。

↓ 在忠孝橋上看台北市區。

429

↑ 台北市的北門廣場。

← 台大 EMBA105C 的好同學們：
　 達明、麗雯、柏青、宏昌。

↙ 謝謝戈 13 格格製作的紀念旗，
　 以及畫面中眾多的加油團。

↓ 謝謝台北車站全家便利店：張
　 文燕店長的咖啡。

430

↑ 戈 13 的夥伴們：愛學 Cole、
　愛學長、潘妮、格格、花和尚。

↓ 愛學長（謝文銓）不要走，很
　愛演……。

↑ 謝謝戈 13 佳敏和依珊加入陪走。

↓ 戈壁魂上身：李柏青、王翊菲、
　謝依珊、張峰誠、曾崇育。

431

↑過了民權隧道就要到家了。

↓一路陪走到家門口的台大
　EMBA 學長姐。

↑台灣重要省道的起點標示牌。（忠孝東路
　中山北路口）。

↓徒步環島 Day38 完成：So 大遊台灣全劇終。

留言板

George Lee、畢橫元和其他593人　　　390則留言

👍 讚　　　💬 留言　　　↗ 分享

楊慧萍
太強了👍

👍1

讚・回覆・1年

蔡青芬
好棒的旅程😊😊😊
歡迎回到台北💐

👍1

讚・回覆・1年

> **So Tzeng** 謝謝喵喵學姊always 暖心的留言股勵!
>
> 👍1
>
> 讚・回覆・1年

林志豪
恭喜👏👏
期待瘦大的分享😄😄

👍1

讚・回覆・40週

> **So Tzeng** 謝謝志豪帶隊陪走苑里通霄,還幫我留下溫暖的相片!
>
> 👍1
>
> 讚・回覆・48週

George Cheng
好強大、佩服佩服!👍👍👍

👍1

讚・回覆・48週

> **So Tzeng** George Cheng 謝謝學長!
>
> 👍1
>
> 讚・回覆・48週

Lisa Kung
恭喜您今天完成徒步環島的壯舉,從1月30號 天天 follow 您的FB 徒步環島日誌到今天3月11日 真的很佩服您 38天就完成徒步環島了,超棒的,太佩服了～

👍1

讚・回覆・48週・已編輯

> **So Tzeng** 謝謝Lisa 每天follow 鼓勵!
>
> 讚・回覆・48週

> **Lisa Kung**
> So Tzeng 不客氣 我要謝謝您的 So 大遊台灣 一個多月的 徒步行腳連續報導,讓我們跟著您一起 環島 欣賞美麗台灣的風景,精神與您同在。我們生活在 台灣真的很幸福,台灣人 的 親和度 &軟實力 & 刻苦耐勞的精神 是值得我們驕傲的～
>
> 讚・回覆・48週

黃永紳
恭禧瘦大學長! 好佩服哦!

👍1

讚・回覆・48週

> **So Tzeng** 黃永紳 謝謝勇神學長!
>
> 👍1
>
> 讚・回覆・48週

李永淞
真心英雄
崇拜敬佩👏

👍1

讚・回覆・48週

> **So Tzeng** 李永淞 謝謝學長台南晚餐招待!
>
> 👍1
>
> 讚・回覆・48週

吳建德
恭喜你完成狀舉。

> **So Tzeng** 吳建德 你打錯字了喔! 謝謝吳董!
>
> 👍1
>
> 讚・回覆・48週

> **Mars Hsieh**
> 還好是壯舉,不是不舉......

Wen-yu Vicky Haines
怎麼......已經到了......
哇...太厲害了

> **So Tzeng** Wen-yu Vicky Haines 按進度走的啊!
>
> 讚・回覆・48週

洪文怡
除了「強」,我也不知道還能說什麼了

讚・回覆・48週

> **So Tzeng** 洪文怡 謝謝文怡帶著兒子來陪走!
>
> 讚・回覆・48週

Edwin Shieh Shieh
學長第一名!

👍1

讚・回覆・48週

> **So Tzeng** Edwin Shieh Shieh 謝謝愛學長,愛你喔!
>
> 讚・回覆・48週

Karen Lee
恭喜學長徒步壯遊台灣~成功!

讚・回覆・48週・已編輯　👍1

> **So Tzeng** Karen Lee 謝謝欣蘭!
>
> 讚・回覆・48週

李達輝
期待SO大帶你遊台灣~
哇...太厲害了

> **So Tzeng** 李達輝 謝謝向日葵學姊每天關注!
>
> 👍1
>
> 讚・回覆・48週

> **李達輝**
> So Tzeng 你太值得被關注了～
> 我的FB也終於可以下線了～
>
> 哈・回覆・48週　👍1

Penny Pan
哎呀！乾爹人緣太好了，這麼多粉絲，害我來不及搶頭香，感恩被tag到，即時回覆，乾爹，我今天可是有乖乖follow喔
恭喜乾爹完成徒步環島壯舉，這可以跟子子孫孫講一輩子了
讚・回覆・48週

> **So Tzeng** Penny Pan 謝謝潘妮！這次總算即時按讚了！
> 讚・回覆・48週

潘瑞根
恭迎
文和兄完成徒步環島壯舉，平安抵達臺北，抵達宮庭。有幸與文和兄居同棟大樓，做鄰居，實在與有榮焉，沾光了。
文和兄實在太強大了，永不放棄精神，讓人欽佩不已。

大心・回覆・48週

> **So Tzeng** 潘瑞根 謝謝潘老師的關注！
> 讚・回覆・48週

Kaoru Chiu
跟著神遊環島38天，也很開心能陪走10K...大大恭喜So大！
讚・回覆・48週

> **So Tzeng** Kaoru Chiu 謝謝一姊陪走還招待晚餐！
> 讚・回覆・48週

張永吉
So可敬
讚・回覆・48週

顧維羣
恭喜文和"以38天的時間完成這一趟徒步環島1162公里的旅程"(日平均30.6公里)，享受吧！人生不留白。停下腳步小歇後，為下一段旅程逐夢再出發。
讚・回覆・48週

> **So Tzeng** 顧維羣 謝謝學長持續的關注以及第五天的阿華田！
> 讚・回覆・48週

> **顧維羣** 下雨天，阿華田是學嫂買給你喝驅寒的，不用客氣，我們都很開心，你走完全程，天時地利人和，普薩保祐，平安返家。

邱椿蓉
恭喜So大大
讚・回覆・48週

> **So Tzeng** 邱椿蓉 謝謝小護士！抗疫期間請多保重自己！
> 讚・回覆・48週

George Lee
恭喜順利完成
讚・回覆・48週

> **So Tzeng** George Lee 謝謝阿治老師！也祝福正在徒步環島路上的阿治老師一切順利.
> 讚・回覆・48週

賴信翰
恭喜SO大完成壯舉
讚・回覆・48週

> **So Tzeng** 賴信翰 謝謝小賴哥！
> 讚・回覆・48週

陳美文
恭喜學長，賀喜學長！！
讚・回覆・48週

> **So Tzeng** 陳美文 謝謝美文的默默幫忙，學長都記在心上！
> 讚・回覆・48週

> **陳美文** So Tzeng 小事不足掛齒啦
> 大心・回覆・47週

Shawn Chen
恭賀學長完成
讚・回覆・48週

> **So Tzeng** Shawn Chen 國聖燈塔！我走到了！
> 讚・回覆・48週

Mini Joe
恭喜勇腳順利完成徒步環島，此一壯舉讓吾輩佩服的五體投地，相信會產生蝴蝶效應，讓多人前撲後繼，紛紛跟進！再次恭喜！
大心・回覆・48週

> **So Tzeng** Mini Joe 謝謝港期！我們一起加油讓19期持續健康運動。
> 讚・回覆・48週

杜孟郎
Congratulations Hero!
讚・回覆・翻譯年糕・48週

> **So Tzeng** MI Tu 謝謝孟郎！
> 讚・回覆・48週

許承宇
完了
明天沒有連續劇可追了
這樣子怎麼睡呀？
哈・回覆・48週・已編輯

> **So Tzeng** 許承宇 那要麻煩學長自行看FB重播了！感謝學長一路上的路程資訊，雖然很累的上到鹿野高台，但是很值得！
> 讚・回覆・48週

Chia-Ling Lee
恭喜學長
大強大了
讚・回覆・48週

> **So Tzeng** Chia-Ling Lee 謝謝佳玲學姊！
> 讚・回覆・48週

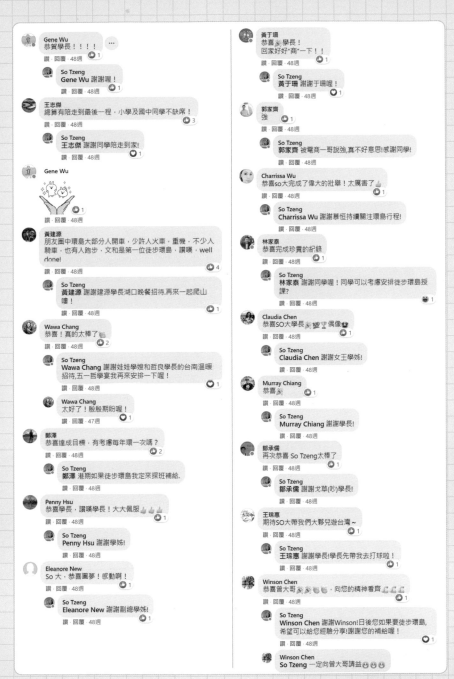

Gene Wu
恭賀學長！！！！
讚 · 回覆 · 48週

　　So Tzeng
　　Gene Wu 謝謝喔！
　　讚 · 回覆 · 48週

王志傑
總算有陪走到最後一程，小學及國中同學不缺席！
讚 · 回覆 · 48週

　　So Tzeng
　　王志傑 謝謝同學陪走到家!
　　讚 · 回覆 · 48週

Gene Wu

讚 · 回覆 · 48週

黃建源
朋友圈中環島大部分人開車，少許人火車，重機，不少人騎車，也有人跑步，文和是第一位徒步環島，讚喔，well done!
讚 · 回覆 · 48週

　　So Tzeng
　　黃建源 謝謝建源學長湖口晚餐招待,再來一起爬山囉！
　　讚 · 回覆 · 48週

Wawa Chang
恭喜！真的太棒了
讚 · 回覆 · 48週

　　So Tzeng
　　Wawa Chang 謝謝娃娃學嫂和哲良學長的台南溫暖招待,五一哲學宴我再來安排一下喔！
　　讚 · 回覆 · 48週

　　Wawa Chang
　　太好了！殷殷期盼喔！
　　讚 · 回覆 · 47週

鄭潭
恭喜達成目標,有考慮每年環一次嗎？
讚 · 回覆 · 48週

　　So Tzeng
　　鄭潭 港期如果徒步環島我定來探班補給。
　　讚 · 回覆 · 48週

Penny Hsu
恭喜學長,讚喔學長！大大佩服
讚 · 回覆 · 48週

　　So Tzeng
　　Penny Hsu 謝謝學姊！
　　讚 · 回覆 · 48週

Eleanore New
So 大,恭喜圓夢！感動啊！
讚 · 回覆 · 48週

　　So Tzeng
　　Eleanore New 謝謝副總學姊！
　　讚 · 回覆 · 48週

黃于珊
恭喜 學長！
回家好好"商"一下！！
讚 · 回覆 · 48週

　　So Tzeng
　　黃于珊 謝謝于珊喔！
　　讚 · 回覆 · 48週

郭家齊
強
讚 · 回覆 · 48週

　　So Tzeng
　　郭家齊 被電商一哥說強,真不好意思！感謝同學！
　　讚 · 回覆 · 48週

Charrissa Wu
恭喜so大完成了偉大的壯舉！太厲害了
讚 · 回覆 · 48週

　　So Tzeng
　　Charrissa Wu 謝謝慕恆持續關注環島行程！
　　讚 · 回覆 · 48週

林家泰
恭喜完成珍貴的紀錄
讚 · 回覆 · 48週

　　So Tzeng
　　林家泰 謝謝同學喔！同學可以考慮安排徒步環島授課？
　　讚 · 回覆 · 48週

Claudia Chen
恭喜SO大學長 偶像
讚 · 回覆 · 48週

　　So Tzeng
　　Claudia Chen 謝謝女王學姊!
　　讚 · 回覆 · 48週

Murray Chiang
恭喜
讚 · 回覆 · 48週

　　So Tzeng
　　Murray Chiang 謝謝學長!
　　讚 · 回覆 · 48週

鄭承儒
再次恭喜 So Tzeng太棒了
讚 · 回覆 · 48週

　　So Tzeng
　　鄭承儒 謝謝戈草(吵)學長!
　　讚 · 回覆 · 48週

王琇惠
期待SO大帶我們大夥兒遊台灣~
讚 · 回覆 · 48週

　　So Tzeng
　　王琇惠 謝謝學長!學長先帶去打球啦！
　　讚 · 回覆 · 48週

Winson Chen
恭喜曾大哥 ,向您的精神看齊
讚 · 回覆 · 48週

　　So Tzeng
　　Winson Chen 謝謝Winson!日後您如果要徒步環島,希望可以給您經驗分享!謝謝您的補給喔！
　　讚 · 回覆 · 48週

　　Winson Chen
　　So Tzeng 一定向曾大哥請益

彭信銘
有穿壞鞋嗎 👍1
讚・回覆・48週

> **So Tzeng** 彭信銘 報告學長:一雙到底,沒換鞋. 👍1
> 讚・回覆・48週

Sherry Wen
So 大好棒好強好堅持 👍👍👍
讚・回覆・48週

> **So Tzeng** Sherry Wen 謝謝溫主任的木瓜牛奶飲料招待!
> 讚・回覆・48週

Eric Chen
偶像 👏👏👏 👍1
讚・回覆・48週

> **So Tzeng** Eric Chen 謝謝毛寶同學!
> 讚・回覆・48週

Jill Wang
So great 👍1
讚・回覆・翻譯年糕・48週

> **So Tzeng** Jill Wang 謝謝川社長!冰棒我還記得喔!
> 讚・回覆・48週

> **Jill Wang** So Tzeng 沒有問題,你先休息等天氣溫暖些再約喔
> 讚・回覆・48週

Cheng-Chi Lee
學長太厲害了~ 👍1
讚・回覆・48週

> **So Tzeng** Cheng-Chi Lee 謝謝正紀,北峰祕境我還沒去啊!
> 讚・回覆・48週

> **Cheng-Chi Lee** So Tzeng 小菜一碟
> 讚・回覆・48週

Lee Leu
文和、恭喜啦!!完成許多人心中朝思暮想、卻永遠踏不出去的那個心願!!
讚・回覆・48週 👍1

> **So Tzeng** Lee Leu 謝謝學長!很榮幸可以讓學長心中的夢想種子成長開花!
> 讚・回覆・48週 👍1

朱伯振
恭喜So大! 圓滿完成~ 👍1
讚・回覆・48週

> **So Tzeng** 朱伯振 謝謝伯振學長後龍補給,花生我還記得喔!
> 讚・回覆・48週・已編輯

> **朱伯振** So Tzeng 已經幫你準備好了!
> 讚・回覆・47週

曾雅鈴
同學太強了 👍1
讚・回覆・48週

> **So Tzeng** 曾雅鈴 謝謝同學啦!
> 讚・回覆・48週 👍1

謝尚霖
恭喜So大完成壯舉!
讚・回覆・48週 👍1

> **So Tzeng** 謝謝尚霖!正值防疫期間,您可要多保重!
> 讚・回覆・48週

> **謝尚霖** So Tzeng 謝謝So大
> 讚・回覆・47週

張力文
恭喜!順利完成徒步環島行程。👏👏👏 👍1
讚・回覆・48週

> **So Tzeng** 張力文 謝謝同學!
> 讚・回覆・48週 👍1

王意中
敲碗🍚敲碗、、敲碗🍚,粉絲期待第二季📕,不然、加碼來個徒步環島🌅的幕後花絮🎬啊!
真的太感謝🙏這一個多月以來、每個夜晚最是期待的環島旅程。
感恩、文和帶來的這份美好。

👋 THANKS! 😊1
大心・回覆・48週

> **So Tzeng** 王意中 謝謝港期的堅定支持,還帶翔立來陪走,請了2天午餐,下次再來約蘇花纜走.
> 讚・回覆・48週 ❤1

> **王意中** So Tzeng 文和、期待期待唷。哈!我現在只能每天走10000步乾過癮。😊
> 讚・回覆・48週 👍1

賴文森
So大遊台灣終於落幕了,恭喜男主角完成一場精彩的人生大劇,也寫了一生茶餘飯後說不完的故事。我也破了38天不間斷的追劇,因為劇情高潮迭起,令人感動。
學長、恭喜🎉🎉
大心・回覆・48週・已編輯 ❤❤2

> **So Tzeng** 賴文森 謝謝文森學長每天影評,對我而言真的是場人生大劇.
> 讚・回覆・48週 ❤1

Melody Yeh
恭喜瘦大 👍1
讚・回覆・48週

> **So Tzeng** Melody Yeh 謝謝Melody!身體好點了嗎?
> 讚・回覆・48週 👍1

> **Melody Yeh** So Tzeng 之前感冒已經好囉💕謝謝學長
> 讚・回覆・48週

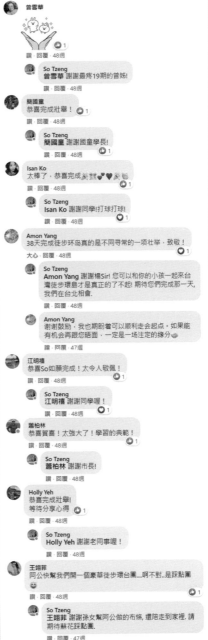

Shelly Chen
太厲害了！恭喜😊
讚・回覆・48週

So Tzeng
Shelly Chen 謝謝學姊！
讚・回覆・48週

林俊傑
ya

讚・回覆・48週

So Tzeng
林俊傑 謝謝同學！
讚・回覆・47週

Theresa Chen
So大學長真的超強的啦！看到民權隧道很眼熟，哈哈😄，原來我辦每天追劇的男主角很近呢！
恭喜學長環島之行大成功🎉😊！
讚・回覆・48週

So Tzeng
Theresa Chen 謝謝鄰居學姊！
讚・回覆・47週

江楨榮
恭喜環島成功，太欽佩了。
讚・回覆・48週

So Tzeng
江楨榮 謝謝同學！那天我走在199也是下大雨...
讚・回覆・47週

江楨榮
注定199吃到飽
讚・回覆・47週

鄧中淦
恭喜🏆順利、平安到達
讚・回覆・48週

So Tzeng
鄧中淦 謝謝同學喔！
讚・回覆・47週

Jessica C. Sun
恭喜So大，太佩服你了
讚・回覆・48週

So Tzeng
Jessica C. Sun 謝謝婕妹來陪走聊天喔！
讚・回覆・47週

Peng Jianhuai
狂賀！
讚・回覆・48週

So Tzeng
Peng Jianhuai 謝謝土瓶!安排時間來奉車.
讚・回覆・47週

Peng Jianhuai

讚・回覆・47週

Steve Liang
烙翔太強了！
讚・回覆・48週

So Tzeng
Steve Liang 謝謝烙翔!
讚・回覆・47週

潘安琪
人生一大創舉，比創業還勇敢，人生需要點勇氣往前衝往前走，一路的相伴也驗證了做人的成功，打從心底覺得很厲害很棒👍，恭喜So 👏
大心・48週

So Tzeng
潘安琪 謝謝Angel不嫌棄我這個前同事.
讚・回覆・47週

潘安琪
So Tzeng 是So老闆沒有機會讓我好好跟隨你
讚・回覆・47週

謝依珊
台大EMBA第一人徒步環島，還能在過程中無懼疫情及股市大跌，將旅費都賺回來👍👍So真的是可以耶
哈・回覆・48週

So Tzeng
謝依珊 旅費的事不要提啦! 謝謝依珊陪走.
讚・回覆・47週

杜建興
恭喜So大，太強大了💪
讚・回覆・48週

So Tzeng
杜建興 謝謝多力學長!
我就說我只能走不能跑啊!
讚・回覆・47週

朱紹珍
恭賀So大，又挑戰成功。
讚・回覆・48週

So Tzeng
朱紹珍 謝謝紹珍學姊!
讚・回覆・47週

San Su
100分啦！👍👍👍
讚・回覆・48週

So Tzeng
San Su 謝謝蘇珊學姊!
讚・回覆・47週

Bob Chang
讚So大學長，堅強毅力完成如此壯遊！一步一腳印走護台灣！
讚・回覆・48週

So Tzeng
Bob Chang 謝謝Bob學長!
讚・回覆・47週

Isabella Chen
遶台灣殺青了，追劇完會有失落感耶！
像神一樣的學長，厲害厲害！
期待番外篇喔！
讚・回覆・48週

So Tzeng
Isabella Chen 謝謝小仙女花蓮招待喔!
讚・回覆・47週

黃張維
讚噢啊．．．恭喜So大
讚・回覆・48週

So Tzeng
黃張維 謝謝體哥! 膽哥的跑步歷史才令人讚嘆啊!
讚・回覆

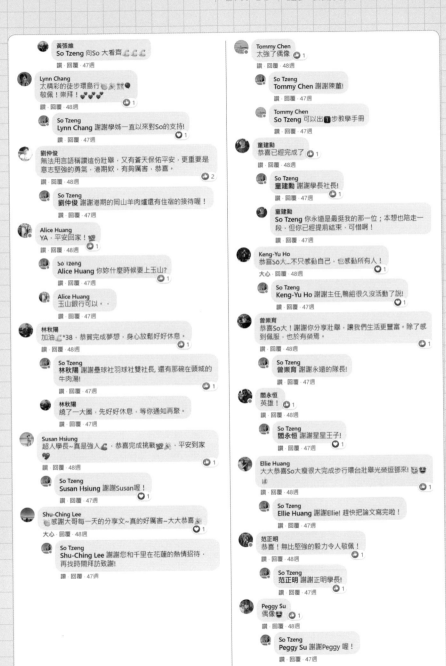

黃張維
So Tzeng 向 So 大看齊 ℒℒℒ
讚 · 回覆 · 47週

Lynn Chang
太精彩的徒步環島行 🚶🚶
敬佩！崇拜！💜💜💜
讚 · 回覆 · 48週

So Tzeng Lynn Chang 謝謝學姊一直以來對So的支持！
讚 · 回覆 · 47週

劉仲俊
無法用言語稱讚這份壯舉，又有蒼天保佑平安，更重要是
意志堅強的勇氣，港期欽，有夠厲害，恭喜。
讚 · 回覆 · 48週

So Tzeng 劉仲俊 謝謝港期的岡山羊肉爐還有住宿的接待喔！
讚 · 回覆 · 47週

Alice Huang
YA，平安回家！💯
讚 · 回覆 · 48週

So Tzeng Alice Huang 你妳什麼時候要上玉山？
讚 · 回覆 · 47週

Alice Huang
玉山銀行可以‧‧
讚 · 回覆 · 47週

林秋陽
加油 💪*38，恭賀完成夢想，身心放鬆好好休息。
讚 · 回覆 · 48週

So Tzeng 林秋陽 謝謝壘球社羽球社雙社長，還有那碗在頭城的
牛肉湯！
讚 · 回覆 · 47週

林秋陽
繞了一大圈，先好好休息，等你通知再聚。
讚 · 回覆 · 47週

Susan Hsiung
超人學長～真是強人 💪，恭喜完成挑戰💯，平安到家
讚 · 回覆 · 48週

So Tzeng Susan Hsiung 謝謝Susan喔！
讚 · 回覆 · 47週

Shu-Ching Lee
感謝大哥每一天的分享文～真的好厲害～大大恭喜
大心 · 回覆 · 48週

So Tzeng Shu-Ching Lee 謝謝您和千里在花蓮的熱情招待，
再找時間拜訪致謝！
讚 · 回覆 · 47週

Tommy Chen
太強了偶像
讚 · 回覆 · 48週

So Tzeng Tommy Chen 謝謝陳董！
讚 · 回覆 · 47週

Tommy Chen
So Tzeng 可以出①步教學手冊
讚 · 回覆 · 47週

童建勳
恭喜已經完成了 👍
讚 · 回覆 · 48週

So Tzeng 童建勳 謝謝學長社長！
讚 · 回覆 · 47週

童建勳
So Tzeng 你永遠是最挺我的那一位；本想也陪走一
段，但你已經提前結束，可惜啊！
讚 · 回覆 · 47週

Keng-Yu Ho
恭喜So大...不只感動自己，也感動所有人！
大心 · 回覆 · 48週

So Tzeng Keng-Yu Ho 謝謝主任，輔組很久沒活動了說！
讚 · 回覆 · 47週

曾樂育
恭喜So大！謝謝你分享壯舉，讓我們生活更豐富。除了感
到佩服，也於有榮焉。
讚 · 回覆 · 48週

So Tzeng 曾樂育 謝謝永遠的隊長！
讚 · 回覆 · 47週

閻永恒
英雄！
讚 · 回覆 · 48週

So Tzeng 閻永恒 謝謝星星王子！
讚 · 回覆 · 47週

Ellie Huang
大大恭喜So大瘦很大完成步行環台壯舉光榮逗鄧來！🐶
讚 · 回覆 · 48週

So Tzeng Ellie Huang 謝謝Ellie! 趕快把論文寫完啦！
讚 · 回覆 · 47週

范正明
恭喜！無比堅強的毅力令人敬佩！
讚 · 回覆 · 48週

So Tzeng 范正明 謝謝正明學長！
讚 · 回覆 · 47週

Peggy Su
偶像😎
讚 · 回覆 · 48週

So Tzeng Peggy Su 謝謝Peggy 喔！
讚 · 回覆 · 47週

陳星佑
恭喜So大，實在太強了啊
讚 · 回覆 · 48週

So Tzeng
陳星佑 謝謝星佑學長!
讚 · 回覆 · 47週

Yang Young
恭喜So大 體力強 心力更強 學習典範!
讚 · 回覆 · 48週

So Tzeng
Yang Young 謝謝YY, 很久不見了喔!
讚 · 回覆 · 47週

Mars Hsieh
再次恭喜恭喜再恭喜
哈 · 回覆 · 48週

So Tzeng
Mars Hsieh 謝謝學長!學長不要結婚後只騎車啦!
讚 · 回覆 · 47週

Daniel Liou
恭喜學長 太感動了
讚 · 回覆 · 48週

So Tzeng
Daniel Liou 謝謝OJ學長!
讚 · 回覆 · 47週

Ferdinand Ting
恭喜完成環島！也謝謝帶我們數人完成一日體驗😊
大心 · 回覆 · 48週

So Tzeng
Ferdinand Ting 謝謝達明治路找人陪走遺活動記錄.
讚 · 回覆 · 47週

江江
謝謝So桑帶給我們1162公里的感動...期待續集😊讓我們繼續看見台灣不一樣的風景!😍

讚 · 回覆 · 48週

So Tzeng
江江 謝謝老同事每天幫忙記錄!
讚 · 回覆 · 47週

Yvonne Lo
佩服的是，居然天天有人陪你走，人氣太旺了啦！每天的貼文，讓我也神遊台灣1周。恭喜平安歸來～
讚 · 回覆 · 48週 · 已編輯

So Tzeng
Yvonne Lo 兒子的成功是娘的驕傲!
讚 · 回覆 · 47週

Martin Chen
大大恭喜🎉🎉🎉🍺🎸!
讚 · 回覆 · 48週

So Tzeng
Martin Chen 謝謝馬丁!
讚 · 回覆 · 47週

蔣立琦
偶像👍典範👍太讚了!
讚 · 回覆 · 48週

So Tzeng
蔣立琦 謝謝蔣夫人!
讚 · 回覆 · 47週

Ray Yao
有神快拜👍👍👍
讚 · 回覆 · 48週

So Tzeng
Ray Yao 謝謝姚董!
讚 · 回覆 · 47週

陳志忠
強者So

讚 · 回覆 · 48週

So Tzeng
陳志忠 謝謝表哥!
讚 · 回覆 · 47週

陳惠芬
真棒👍👍👍......
回家真好......
讚 · 回覆 · 48週

So Tzeng
陳惠芬 謝謝陳姊!
讚 · 回覆 · 47週

廖家欣
so大 完成一個人生中有意義的壯舉 一路上有這麼多好朋友陪伴 足矣!
大心 · 回覆 · 48週

So Tzeng
廖家欣 謝謝家欣學姊!
讚 · 回覆 · 47週

George Lai
恭喜學長，平安順利完成徒步環島壯舉🎉🎉🎉
讚 · 回覆 · 48週

So Tzeng
George Lai 謝謝清棋喔!
讚 · 回覆 · 47週

謝靄玲
感謝~
你的好大一步也推我前進了三小...步
佩服~
你挑了重裝揹走的方式完成徒步環島
恭禧~
終於可以看到輕鬆的你了！
來，笑一個📸

大心 · 回覆 · 48週 · 已編輯　　💙💙 5

　　So Tzeng
　　謝靄玲 謝謝靄玲總是神救援，並在這趟旅行幫我留
　　下許多畫面，有妳真好！
　　讚 · 回覆 · 47週　　💙💙 2

Irene Lin
So大成功完成徒步環島狀舉，值得大大慶祝💙🎊　　👍 1
讚 · 回覆 · 48週

　　So Tzeng
　　Irene Lin 謝謝媽祖婆喔！
　　讚 · 回覆 · 47週

　　Irene Lin
　　要來個慶功宴嗎
　　讚 · 回覆 · 47週

張義芳
恭喜學長平安回台北！
讚 · 回覆 · 48週　　👍 1

　　So Tzeng
　　張義芳 謝謝義芳的補給喔！
　　讚 · 回覆 · 47週

張淑芳

👍 1

讚 · 回覆 · 48週

王俊涵
學長 太強大的毅力💪 恭喜完成任務🏆🏆🏆🏆🏆　　👍 1
讚 · 回覆 · 48週

　　So Tzeng
　　王俊涵 謝謝祕書長！
　　讚 · 回覆 · 47週

江明賢
同學您真是太強了，佩服之餘也感謝您32天所帶來的台灣
之美……　　👍 2
讚 · 回覆 · 48週

　　王志傑
　　江明賢 回程時有經過你的管區，民權大橋，哈哈！
　　讚 · 回覆 · 48週

　　江明賢
　　王志傑 離開管區很久了
　　讚 · 回覆 · 47週

　　So Tzeng
　　江明賢 謝謝同學支持！
　　讚 · 回覆 · 47週　　👍 1

Daniel Hsu
恭喜So大 完成環島壯行👣
讚 · 回覆 · 48週　　👍 1

　　So Tzeng
　　Daniel Hsu 謝謝志銘學長！
　　讚 · 回覆 · 47週

Jo Tu
恭喜🏆🏆1162km完成🏆🏆 可以計畫準備左3圈右3圈了
讚 · 回覆 · 48週 · 已編輯　　👍 1

　　So Tzeng
　　Jo Tu 謝謝杜老闆!一圈就昏頭了！
　　讚 · 回覆 · 47週

Jo Tu
So Tzeng

Serena Lin
#愛在瘟疫盛行時 健走遊台灣，好環保 好有意義！💙　　👍 1
大心 · 回覆 · 48週

　　So Tzeng
　　Serena Lin 謝謝學姊! 要來走一趟嗎？
　　讚 · 回覆 · 47週

　　Serena Lin
　　So Tzeng 我神遊即可 😄
　　哈 · 回覆 · 47週

Spencer Yao
身體勞累心情卻是滿足 ~
又是一趟難以忘懷的旅行！
大心 · 回覆 · 48週

　　So Tzeng
　　Spencer Yao 一直記得姚Sir在五年前我單車環島時
　　講的:環島沒有什麼了不起，是你一生中永遠的故事...
　　讚 · 回覆 · 47週　　👍 1

　　Spencer Yao
　　So Tzeng 又多了另一個故事！
　　讚 · 回覆 · 47週　　👍 1

高陌嘉
So 神大大~!　👍 1
讚 · 回覆 · 48週

　　So Tzeng
　　高陌嘉 謝謝高老闆！
　　讚 · 回覆 · 47週

郭章仁
哪天鼓足勇氣,跟您陌生請益,被您爽郎暢談感動,感恩喔!

大心 · 回覆 · 48週　2

So Tzeng
郭章仁 謝謝郭先生的鼓勵. 如果決定開始環島, 很樂意跟您分享我這次的經驗喔!
讚 · 回覆 · 47週

Dean Fang
恭喜so-san !
讚 · 回覆 · 48週

So Tzeng
Dean Fang 謝謝方哥!
這個比完百容易一點!
讚 · 回覆 · 47週

Ann Tsai
恭喜成功完成壯舉!
讚 · 回覆 · 48週

So Tzeng
Ann Tsai 謝謝嘉倩學姐!
讚 · 回覆 · 47週

羅紹庭
恭喜
讚 · 回覆 · 48週

So Tzeng
羅紹庭 謝謝Roger!
讚 · 回覆 · 47週

卓有信
大樂拜, 太強大, 真心佩服
讚 · 回覆 · 48週

So Tzeng
卓有信 謝謝ID學長!
讚 · 回覆 · 47週

Angela Chou
so大學長 · 偶像
讚 · 回覆 · 48週

So Tzeng
Angela Chou 謝謝小真! 記得要再說一次喔!
讚 · 回覆 · 47週

Grant Fan
Wonderful! Excellent!
讚 · 回覆 · 翻譯年糕 · 48週

So Tzeng
Grant Fan 謝謝國安!
讚 · 回覆 · 47週

盧文彥
恭喜順利達陣, 這真不是普通人可以堅持完成的
讚 · 回覆 · 48週

So Tzeng
盧文彥 謝謝文彥!
讚 · 回覆 · 47週

王麗云
終於回到家囉 welcome
讚 · 回覆 · 48週

So Tzeng
王麗云 謝謝小布!
讚 · 回覆 · 47週

王麗云
讚 · 回覆 · 47週

Jeffrey Chu
恭喜!令人羨慕
讚 · 回覆 · 48週

So Tzeng
Jeffrey Chu 謝謝朱董! 只要出發就會到達!
讚 · 回覆 · 47週

Jeffrey Chu
So Tzeng 這次不會再被你騙了!
讚 · 回覆 · 47週

陳賜郎
恭喜完成環島!
讚 · 回覆 · 48週

So Tzeng
陳賜郎 謝謝同學!
讚 · 回覆 · 47週

唐玉書
超強　應該出書
讚 · 回覆 · 48週　2

So Tzeng
唐玉書 謝謝唐老師!
讚 · 回覆 · 47週

張維綱
好有意義的人生 · 佩服!
讚 · 回覆 · 48週

So Tzeng
張維綱 謝謝喔!
讚 · 回覆 · 47週

Janines Liu
恭喜
讚 · 回覆 · 48週

So Tzeng
Janines Liu 謝謝妙真! 應該只有我會這麼稱呼吧!
讚 · 回覆 · 47週

Janines Liu
So Tzeng 「真」錯了…去罰寫
哈 · 回覆 · 47週

Alex Lee
讚👍讚👍！…
我真的被你挑起來來內心的慾望了？！
可是有人就潑我冷水說
：學人家徒步環島？先有錢再閒吧！
嗯…說的也沒錯，
我要先保持好身體健康，再來喬怎麼40天不上班…
讚 · 回覆 · 48週 · 已編輯

So Tzeng
Alex Lee 謝謝Alex! 取捨之間。
讚 · 回覆 · 47週

Chaozheng Li
恭喜你！👍👍
讚 · 回覆 · 48週

So Tzeng
Chaozheng Li 謝謝學長!
讚 · 回覆 · 47週

曾姿瑋
學長，真不簡單，一定要持續在FB分享過程的感動喔
讚 · 回覆 · 48週

So Tzeng
曾姿瑋 謝謝姿瑋學姊喔!
讚 · 回覆 · 47週

呂修平
太棒了！真強👍
讚 · 回覆 · 48週

So Tzeng
呂修平 謝謝修平喔!
讚 · 回覆 · 47週

呂修平
So Tzeng 能認識你，真的與有榮焉！
大心 · 回覆 · 47週

葉傑生
大大的恭喜🎊🎻
讚 · 回覆 · 48週

So Tzeng
葉傑生 謝謝動物爸爸學長!
讚 · 回覆 · 47週

Lingling Tsai
有一種感動叫堅持
大心 · 回覆 · 48週

So Tzeng
Lingling Tsai 謝謝玲玲姊!
讚 · 回覆 · 47週

涂麗玲
恭喜恭喜！
真的很厲害！
讚 · 回覆 · 48週

So Tzeng
涂麗玲 謝謝涂姊!
讚 · 回覆 · 47週

曾宏昌
恭喜學長
讚 · 回覆 · 48週

So Tzeng
曾宏昌 謝謝宏昌!
讚 · 回覆 · 47週

區莉玲
歡迎回家了!
大心 · 回覆 · 48週

So Tzeng
區莉玲 謝謝區姊!
讚 · 回覆 · 47週

林夢萍
我還沒習慣不追劇耶，要不要寫篇回到家的第一天？
哈 · 回覆 · 47週

So Tzeng
林夢萍 請看重播啦!
讚 · 回覆 · 47週

Alice Huang
So Tzeng 有重播嗎
讚 · 回覆 · 47週

高玉瑛
圓滿徒步成功!
讚 · 回覆 · 47週 · 已編輯

So Tzeng
高玉瑛 謝謝姊仔!
讚 · 回覆 · 47週

江培甄
文和，恭賀你~完成了一個壯舉！又發掘出無限可能的自己，給我們大家立起這個典範的一步，我覺得你真是了不起!
大心 · 回覆 · 47週

So Tzeng
江培甄 謝謝港期!很榮幸擔任小小引信,引出大家的熱情.
讚 · 回覆 · 47週

Clare Chiu
So大揹著超重行囊走了十倍於戈13距離的旅程，這份堅持與毅力讓人敬佩👍
最後一天終於趕上跟了一小段，彷彿大夥兒又回到戈壁艱扶持前行，感動又開心!
大心 · 回覆 · 47週

So Tzeng
Clare Chiu 謝謝佳敏昨天排除萬難來陪走。很高興我們都是戈13B.
讚 · 回覆 · 47週

陳淑娟
真不簡單喔 1

讚・回覆・47週

So Tzeng
陳淑娟 謝謝淑娟！

讚・回覆・47週

謝昭霖
恭喜、恭喜！整個過程記錄下來就可以出書了 2

讚・回覆・47週

So Tzeng
謝昭霖 謝謝學長！

讚・回覆・47週 1

Arthur Chen
該找個時間來慶祝一下，吃飯囉！

讚・回覆・47週

So Tzeng
Arthur Chen 謝謝Arthur！

讚・回覆・47週

PoYu Chen
台灣真男人 1

讚・回覆・47週

So Tzeng
PoYu Chen 謝謝學長！

讚・回覆・47週

Silvia Shi
哇…恭喜學長，樹立了一個EMBA的障礙！

大心・回覆・47週 1

So Tzeng
Silvia Shi 謝謝學姊!有讀出我Day 38的心情？

讚・回覆・47週

王圓
大大恭喜 太強大了

讚・回覆・47週 1

So Tzeng
王圓 謝謝學姊！

讚・回覆・47週

林靜美
提早完成徒步環島嘍！

讚・回覆・47週

So Tzeng
林靜美 謝謝靜美！

讚・回覆・47週

大頭
恭喜So大，期待下次聚會可以重溫環島的照片。

讚・回覆・47週 1

So Tzeng
大頭 謝謝大頭學長！

讚・回覆・47週 1

Cody Lee
恭喜So大 1

讚・回覆・47週

So Tzeng
Cody Lee 謝謝Cody哥！ 要大大的恭喜Cody哥添丁！

讚・回覆・47週

Shirley Lai
恭喜學長！學長好強！
學長一路的分享真的很精彩！
期待分享：）

讚・回覆・47週 1

So Tzeng
Shirley Lai 謝謝阿凡達！

讚・回覆・47週

曾棠育
Day39的日誌哩叨位？（伸手） 2

哈・回覆・47週・已編輯

So Tzeng
曾棠育 自己寫都不用等喔！謝謝永遠的隊友！

讚・回覆・47週

Emily Chou
SO 大太強了…回來好好休息

讚・回覆・47週 1

So Tzeng
Emily Chou 謝謝網美喔！

讚・回覆・47週

李春和
文和 快成功了！加油～～

讚・回覆・47週

So Tzeng
李春和 已經回台北了喔！

讚・回覆・47週

李春和
So Tzeng 文和 辛苦了！終於成功了，恭喜 1

讚・回覆・47週

楊文祥
恭喜So 大！立下了新典範！太了不起了 1

讚・回覆・47週

So Tzeng
楊文祥 謝謝學長！

讚・回覆・47週

簡鈺人
太利害了，恭喜環島成功

讚・回覆・47週

So Tzeng
簡鈺人 謝謝同學！

讚・回覆・47週 1

林世雄
與有榮焉！好樣的港期！

讚・回覆・47週

So Tzeng
林世雄 謝謝三哥！

讚・回覆・47週

Allen Chang
恭喜完成壯舉 1

讚・回覆・47週

So Tzeng
Allen Chang 謝謝直屬大學長！

讚・回覆・47週 1

Mac Chuang
又立下難以超越的事蹟！
強大

讚·回覆·47週

　　So Tzeng
　　Mac Chuang 謝謝長惠學長!沒那麼難超越啦!

　　讚·回覆·47週

Jasmine Huang

讚·回覆·47週

唐麗芬

讚·回覆·47週

Ai-hua Hsi

讚·回覆·47週

卓上英
恭喜學長，完成很多人從小到大一直未完成的願望...身體
一定變得更好......感謝您的分享，讓我們一起體驗探索不同
的台灣環島

讚·回覆·47週·已編輯

邱俊達
恭喜學長

讚·回覆·47週

Christie Lee 新增了 2020年3月11日的 8 張相片 — 和 **王翊
菲** 及其他 6 人。
2020年3月11日·

#徒步環島
有一天 So Tzeng 語氣平淡的說 我想徒步走台灣一圈。大家驚呼一陣後
也似乎淡忘這件事 而再想起 是看到他已經出發了

私下討論想去探班 時間地點好像大家也喬不好。私心想既然是繞境 便
恭請so神來咱小店加持 順便歇息停鑾。可惜旨意不經過林口…
一轉眼竟然就要走回台北了 我只好自己衝來北市邊境迎神。今天從台
北市西邊橫跨到東邊 與其說去陪走 倒不如說是硬凹so大陪我走。#人家
徒步環島_我算是局部環島 彷彿回到當年戈壁的情懷 忘卻一切 享受一
群人很單純的就是走路 ❤

看著so大曬到黑亮的皮膚 想像腳上破了再破的水泡 心裡滿是心疼與欽
佩。他平靜的說：我只是去完成一件 心裏很想做的事
#38天1200km
#生命不會等_想做的趕快去做

445

徒步環島日期路程公里紀錄

2020 年	星期	Day	當日起點	經過	當日終點	里程
1 月 30 日	四	1	台北內湖 - 家		淡水	26
1 月 31 日	五	2	淡水	富貴角燈塔	石門	24
2 月 1 日	六	3	石門	金山 - 萬里	基隆	34
2 月 2 日	日	4	基隆	八斗子	澳底	33
2 月 3 日	一	5	澳底	三貂角燈塔	大溪漁港	30
2 月 4 日	二	6	大溪漁港	2 號省道 145k	宜蘭壯圍	24
2 月 5 日	三		休息	回台北看腳傷		
2 月 6 日	四		休息			
2 月 7 日	五	7	宜蘭壯圍		蘇澳	22
2 月 8 日	六	8	蘇澳	(東澳 15) 台 9 丁	南澳車站	27
2 月 9 日	日	9	南澳車站	蘇花路 2 段	和平	26
2 月 10 日	一	10	和平	清水斷崖	新城	28
2 月 11 日	二	11	新城	七星潭	吉安慶修院	28
2 月 12 日	三	12	吉安慶修院	壽豐	鳳林	30
2 月 13 日	四	13	鳳林		瑞穗	32
2 月 14 日	五		休息			
2 月 15 日	六	14	瑞穗	北回歸線 - 舞鶴	玉里	25
2 月 16 日	日	15	玉里		池上	33
2 月 17 日	一	16	池上	鹿野高台	鹿野	34
2 月 18 日	二	17	鹿野		知本	32
2 月 19 日	三	18	知本	多良	瀧溪車站	34

2月20日	四	19	瀧溪車站		達仁	22
2月21日	五	20	達仁	壽卡 11.9K	旭海	32
2月22日	六	21	旭海	199 縣道 , 台 26 線	滿州	35
2月23日	日	22	滿州	鵝鑾鼻燈塔	墾丁	26
2月24日	一	23	墾丁		楓港	34
2月25日	二	24	楓港	枋寮	林邊	36
2月26日	三	25	林邊		高雄	36
2月27日	四		休息			
2月28日	五	26	高雄		路竹	35
2月29日	六	27	路竹		鹿耳門聖母廟	28
3月1日	日	28	鹿耳門聖母廟	國聖燈塔	佳里	33
3月2日	一	29	佳里		台南新營	28
3月3日	二	30	台南新營	北回歸線	嘉義民雄	33
3月4日	三	31	嘉義民雄		雲林西螺	30
3月5日	四	32	雲林西螺		彰化花壇	30
3月6日	五	33	彰化花壇	八卦山	台中清水	34
3月7日	六	34	台中清水	大甲鎮瀾宮	苗栗通霄	30
3月8日	日	35	苗栗通霄	白沙屯	竹南車站	36
3月9日	一	36	竹南車站	湖口老街	新竹湖口	35
3月10日	二	37	湖口		桃園	32
3月11日	三	38	桃園		台北內湖 - 家	35
總天數 :42 天		走路天數 :38 天		休息天數 :4 天	總里程	1162

國家圖書館出版品預行編目(CIP)資料

徒步環島紀錄：是旅行!不是苦行!/曾文和著. -- 初
版. -- 臺中市：白象文化事業有限公司, 2021.08
　　面：　公分
ISBN 978-986-5488-97-0（平裝）
1.臺灣遊記 2.徒步旅行
733.69　　　　　　　　　　　110010111

徒步環島紀錄：是旅行！不是苦行！

作　　者　曾文和
發 行 人　張輝潭
出版發行　白象文化事業有限公司
　　　　　412台中市大里區科技路1號8樓之2（台中軟體園區）
　　　　　出版專線：（04）2496-5995　　傳真：（04）2496-9901
　　　　　401台中市東區和平街228巷44號（經銷部）
　　　　　購書專線：（04）2220-8589　　傳真：（04）2220-8505
專案主編　水邊
出版編印　林榮威、陳逸儒、黃麗穎、水邊、陳婥婷、李婕、林金郎
設計創意　張禮南、何佳誼
經紀企劃　張輝潭、徐錦淳、林尉儒、張馨方
經銷推廣　李莉吟、莊博亞、劉育姍、林政泓
行銷宣傳　黃姿虹、沈若瑜
營運管理　曾千熏、羅禎琳
印　　刷　基盛印刷工場
初版一刷　2021年8月
二版一刷　2023年11月
定　　價　480元